남의 생각이 내 생각이
되지 않으려면

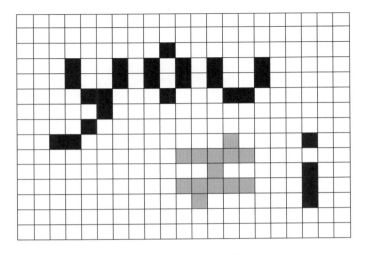

**내 삶의 주도권을 되찾는
필로소피 클래스**

김윤경 옮김

위즈덤하우스

남의 생각이 내 생각이
되지 않으려면

오타케 게이 · 스티브 코르베유 지음

침체와 변혁의 시대에

철학이라는 무기를.

그것은

주어진 프레임워크의

반대편을 꿰뚫어보는

인간에게만 허용된

신체적 행위다.

철학이란 주어진 프레임워크의 반대편을 꿰뚫어보는 신체적 행위다.

철학을 정의하는 일은 그 자체로 극히 철학적이며 상당히 스릴 있는 일이다. 말뜻을 살펴보자면 '철학'은 라틴어로 '필로소피아philosophia'다. 이는 'philo'와 'sophia'로 분리할 수 있는데 각각 번역하면 '간절히 원한다, 사랑한다'와 '지혜, 도리'라는 뜻이므로 철학을 사전적으로 정의하면 '지혜를 추구하는 학문'이라고 할 수 있다.

하지만 단어 뜻을 그대로 소개하는 것은 필자들이 의도하는 바가 아닐뿐더러 '철학하는' 일이 아니다. 그럼에도 예로부터 저명한 철학자들이 끊임없이 도전해온 문제에 부끄러움을 각오하고 대답해봤다. 정의에 대한 공감은 기쁘게 받아들이고, 비판도 기꺼이 감수하겠다.

앞서 '철학이란 주어진 프레임워크의 반대편을 꿰뚫어

보는 신체적인 행위'라고 했는데, 먼저 '주어진 프레임워크'
에 대해 이야기해보자. 이 부분을 비판적으로 고찰하면 이 책
이 목표로 삼은 바를 전할 수 있을 것이다.

프레임워크란 문제 해결이나 의사 결정을 할 때 기초가
되는 체계적인 틀로, 주어진 프레임워크로 가장 쉽게 떠올릴
수 있는 것은 입학시험 등에서 마주하는 선택 문제다. '다음
선택지 중 옳은 것을 한 가지 고르시오'라는 문구로 익숙한
바로 그것이다. 선택지 가운데 정답 이외의 보기에는 흔히 걸
려들기 쉬운 함정이 있다. 하지만 정답 외에는 아무리 치밀하
게 설치해놓은 함정이라도 반드시 명백한 오류가 숨어 있기
마련이다. 그것은 당연하다. '왜 틀렸는지' 설명되지 않으면
해답이 존재할 수 없기 때문이다. 이렇게 해서 문제를 해결하
는 템플릿이 완성된다. 하지만 철학에서는 이것이 큰 문제다.

'행복이란?' 이 명제를 예로 들어보자. 무척 다양한 답이
나올 것이다. 하지만 철학 문제는 입시 문제처럼 '맞다'와 '틀
리다'로 확실하게 답을 평가할 수 없다. 프레임워크 내의 어
떤 선택지에든 일리가 있고 어떤 '행복'에든 공감되는 부분이
있다. 그런 가운데 어떤 것이든 하나를 선택해야만 한다면 어
떻게 해야 할까?

옳은 선택지를 하나 택한다는 것은 위험을 각오하고 말
하자면 '반철학적'이라고 할 수 있다. 문제가 주어지더라도 답
은 결코 주어지지 않는 것이 철학의 증거이기 때문이다. 모두

일리가 있는 선택지 가운데 단 하나를 골라야만 한다면 옳고 그름을 판단할 근거는 과연 어디에서 찾아야 할까?

저명한 철학자에게서일까? 대기업의 유명한 사장이나 존경하는 역사적 인물? 아니면 미디어에 빈번히 등장하는 사람? 혹은 대통령? 평판 좋은 점성술사? 혹은 목소리가 큰 사람에게서일까?

지금 우리가 손쉽고 편리하게 의지할 수 있는 것은 바로 AI다. AI는 데이터화된 지식의 용량에 제한이 없다. 데이터 처리 속도만 해도 인간은 그 발끝에도 미치지 못한다. 신체가 있는 것도 아니므로 프레임워크를 다시 고쳐 사용하기도 굉장히 간편하다. 올바른 답을 하나 고른다는 면에서 본다면 AI는 인간을 압도할 것이다. 머지않아 이 영역에서는 인간이 설 자리가 없어질 것이다.

그렇다고 해서 이러한 사실을 '인간의 비극적 말로'라고 단정할 생각은 털끝만큼도 없다. 오히려 앞으로 우리가 인간적으로 다시 태어날 수 있지 않을까 하고 두근두근 설렐 정도다. 바로 지금부터가 철학이 나설 차례이기 때문이다.

철학에서는 '옳음'이 그 정도로 문제가 되지 않는다. 중요한 것은 '대답'이 아니라 '프로세스'다. '스스로 생각하고 판단하고 있는가?'라는 것뿐이다.

이러한 철학은 지금까지 우리 사회에 어떤 공헌을 해왔을까?

'이상적인 사회는 무엇인가?'라는 물음에 철학은 민주주의와 공산주의라는 대답을 내놓았다.

앞에서 예로 든 '행복이란?'이라는 물음에 대답하는 '행복론'으로는 알랭(에밀 오귀스트 샤르티에)과 버트런드 러셀 등이 유명하다. 그 밖에도 철학은 '정의란?', '타자란?', '국가란?' 등 다양한 질문에 대답함으로써 법학이나 윤리학, 정치학의 발달에도 기여했으며, 과학과 산업 발전에도 큰 역할을 해왔다. 게다가 프랑스혁명을 비롯한 혁명의 이념이 되기도 했다.

철학은 기원전부터 갖가지 문제에 대한 답을 지식으로서 제공하면서 모든 분야의 기반이 되어왔다. '아는 것이 힘이다'라는 명언은 지성의 힘을 무서울 정도로 적확하게 표현한 말이다.

그런데 이 '아는 것이 힘이다'에는 심오한 문제가 내포되어 있다. '프레임워크의 반대편을 꿰뚫어본다'는 것에는 '지성'의 지배에서 해방되고자 하는 기대가 담겨 있다.

'아는 것이 힘이다'라는 격언은 프랜시스 베이컨이 주장한 것으로, 과학 발전을 촉구한다는 목표에 큰 역할을 해왔으며, 지금도 교육과 경제 등 많은 분야에서 음으로 양으로 우리를 지배한다고 할 수 있다.

'지배'라고 표현한 데는 그만한 까닭이 있다. '아는 것이 힘이다'가 '지식의 양이 곧 힘의 크기를 결정한다'는 억압적인 불문율로 흘러가기 때문이다. 있는 그대로 말하면, 가능한 한 많은 정보를 획득한 자가 이긴다는 것이다. 게다가 '지식'에 가치가 매겨진다. 이는 정보로서 희소할수록 가치가 높아진다는 뜻으로, 그런 희소한 지식은 대개 은닉되거나 독점된다.

가치 높은 지식을 얼마나 많이 보유하고 있는가? 이것이 권력과 성공을 거머쥐는 데 필요한 조건이 된다. 이렇게 지식에 계급이 생기고 지식의 계급이 그대로 인간 사회에서 계급을 형성한다. 실제로 근대사회에서 현대로 오면서 이렇게 계급이 형성되어 왔다. 그러나 본래 지식은 누구에게나 개방되어야 마땅하다.

애초에 '안다'는 것은 강제되거나 허가받아야 하는 게 아니라 '인간이란 무엇인가?'의 정의에 대한 당연한 행위다. 그 것은 '호모사피엔스'라는 말에도 잘 드러나 있다. 'sapiens(사피엔스)'는 라틴어 동사 'sapere'의 파생어로, '안다'라는 의미다.

하지만 권력과 결합함으로써 지식은 인간의 등급을 매기고 배제해나가는 기준이 되어갔다. 프랑스 철학자 미셸 푸코Michel Foucault는 지식이 인간을 지배해가는 구조를 폭로했다.

우선 지식은 인간의 호기심을 지배한다. 지식이 권위가 되고 계층을 이루면 인간이 가진 본래의 호기심이 손상된다. 우리는 '알면 본인에게 득이 되는' 것을 손에 넣으려 하기 때문이다. 물론 그것은 우리가 갖추고 있던 본래의 호기심이 아니다.

지식은 철학 자체도 변모시킨다. 지식에 구속되면 철학은 이미 알고 있는 것을 정당화하는 용도로 쓰인다. 애당초 철학이란 다르게 생각하는 것이 어떻게, 어디까지 가능한지 알기 위해 시작된 것이다. 이는 철학뿐 아니라 학문이라고 불리는 모든 것에 통용된다.

그리고 학문 등을 통해 권위를 갖춘 지식은 한층 더 전문화되어 사회구조를 견고하게 하고 민중을 지배해나간다. 이 지배는 계급이라는 구조적 지배이기도 하며 지식을 획득해야만 한다는 심리적 지배이기도 하다.

마지막으로 지식은 자신과의 관계도 변화시킨다. '나는 누구인가?'는 예로부터 일관되게 철학에서 중요하게 여긴 주제였다. 그때마다 나온 답이 지식으로서 언어화되었다. 이렇게 언어화된 지식이 권위를 지니게 된 것이다.

이 지식은 자신을 대상화하는 지식이기도 하다. 대상화란 자신이 아닌 다른 누군가(여기서는 철학자들)의 답에 맞추는 일이다. 말할 것도 없이 대상화된 것은 우리 자신이 아니다.

그렇게 우리는 자기 자신과 소원해진다. 자신과 소원해진 자기 자신을 어떻게 해방시킬 것인가? 이 미션에 도전한 철학자들이 있었다. 미셸 푸코도 그 가운데 한 사람이었다. 푸코의 대답은 '외적 세계와 관련된 자기 자신을 배려한다'였다. 이는 '시선'을 통한 신체적인 배려.

철학사는 이 정도로 알아두기로 하자. 문제는 현대니까.

'지식'과 우리는 오늘날 어떠한 관계에 있을까? 우리는 마음만 먹으면 어떤 지식이든 향유할 수 있다. 교육 현장에서 지식의 차별과 선별이 생길 일도 없다. 인터넷에서도 '안다'는 말을 금지하거나 억제하는 일은 없다.

그런데 우리는 예상외의 함정이 기다리고 있다는 사실을 뼈저리게 느끼게 된다.

지금 우리는 '모른다'는 것은 '바보'이고 '패배자'라는 위협적인 분위기에 노출되고 있다. 그리고 지식이 누구에게나 해방됨으로써 그 반동으로 가짜가 범람하게 되었다.

'프레임워크의 반대편을 꿰뚫어본다'에서 '반대편'이란 이면이기도 하고 끝이기도 하다. 즉 반대편을 꿰뚫어보려면 지식의 전후 상황이나 맥락을 이해해야 한다. 그래서 어쩔 수 없이 조금 어려운 이야기를 하게 된 것이다.

그러면 마지막으로 철학의 정의를 설명한 문장의 끝부분인 '신체적 행위'에 대해 살펴보자. 우선 '철학'과 '신체'에 대한 오해를 풀어야 한다. 많은 사람이 느끼듯 철학에는 추상적이고 난해한 면이 있다. 하지만 철학을 '알아두어야 할 지식'으로 전달하는 일은 철학하는 것이 아니다. 철학을 하는 데는 반드시 신체가 필요하다. 철학한다는 것은 헛된 논의가 아니라 '행위'다.

과연 신체 없이 의식만을 가진 존재가 '자유'나 '자신' 때문에 고민할까?

원래 '자유'나 '신', '정의', '자기 자신', '이성' 등 철학의 주된 문제는 신체를 통해 생겨났다.

신체적이라서 부자유스럽다. 그러므로 '자유'가 문제가 된다.

신체적이라서 생사가 있다. 그러므로 '신'이 문제가 된다.

신체적이라서 분쟁이 일어난다. 그러므로 '정의'가 문제가 된다.

신체적이라서 관계가 생겨난다. 그러므로 '자기 자신'이 문제가 된다.

신체적이라서 감각이 있다. 그러므로 '이성'이 문제가 된다.

'행동'과 '판단'도 신체 없이는 불가능하다. 행동과 판단을 할 때 아무리 심사숙고해도, 아무리 훌륭한 이론이라도 그것만으로는 행동할 수 없으며 판단할 수 없다.

'사랑'도 마찬가지다. 물론 '사랑' 또한 철학에서 중요한 주제다. 그러나 신체가 없는 사랑만큼 허무한 것은 없다. 즐겁거나 마음 편하다, 혹은 맛있다는 느낌도 신체가 없으면 경험할 수 없다. 즐거움을 머리로 이해시킬 수는 없다. 덥거나 시원하다는 개념도 당연히 신체를 통해 이해할 수 있다.

철학이 일부 기인에게만 허용되는 게 아니라는 사실을 분명히 말하고 싶다. 누구든 철학할 수 있다. IT 엔지니어도, 은행원도, 그리고 농부나 어부도, 누구라도 '그럴 마음'이 생기면 철학할 수 있다.

이 책에서는 '신체적인 행위'라는 표현을 통해 철학이 결코 개념적이고 추상적인 측면만 지닌 게 아니라는 사실을 설명한다. 그리고 철학도 인간과 마찬가지로 시대의 요청에 부응하면서 변화한다는 사실을 강조한다.

나아가 AI와 공존하는 현대는 '인간을 되찾자!'라고 철학에 요청하고 있다. 철학이란 '인간 그 자체'를 체험하는 일이다. 신체에 대한 자각이 없으면 인간에 대해 고찰할 수 없다. 하물며 신체에 대한 자각이 없는 철학을 거론하는 일은 불성실한 태도이며 일종의 사기가 될 수 있다.

'지식'은 단독으로 존재할 수 있다. 그래서 누구나 이용할 수 있는 것이다. 각각의 특수한 사정에 의존하는 것은 지식이 될 수 없다. 지식이란 당연히 보편적이고 일반적이어야 한다.

그렇다면 '시점'은 어떨까. 시점은 그 자체로는 존재할 수 없다. 항상 '본다'는 행위와 함께 존재한다. 인터넷상에 있는 것은 지식이기는 하지만 시점은 아니다. 시점은 이용되어야 비로소 시점일 수 있다. 그리고 시점은 '자신'이 존재하지 않고서는 성립하지 않는다. 다른 사람의 지식을 빌려 쓸 수 있을지 몰라도 눈을 빌려 볼 수는 없는 법이며, 이 점이 바로 '지식'과 가장 큰 차이점이다.

사과를 예로 들어보자. 품질, 명칭, 종류, 맛, 색, 모양,

향, 기후, 지리, 가격, 가치, 유통, 이상, 성실함, 신념, 전통 등 한 개의 사과만으로도 알아야 할 것은 끝이 없다. 한 개의 사과에서 세계를 알 수 있다고 단언할 수도 있다.

이 한 개의 사과 자체가 점점 변화해간다. 변화는 끝날 줄을 모른다. 이는 결국 사과의 모든 것을 알 수는 없다는 뜻이다. 그렇다면 '지식의 욕망'에 사로잡힌 사람은 사과에 대해 무구한 지식을 모으는 데 집착한 나머지 사과를 앞에 두고 한 걸음도 움직이지 못한 채 일생을 마칠 수도 있다.

지식은 사람을 교착 상태에 빠뜨린다.

사과를 '보는' 것은 어떨까? 이는 사과와의 관계에서 다양한 시점을 갖는 일이다.

시점은 지식과 달리 우리를 움직이게 하고 성장시킨다. 시점을 바꾼다는 것은 사과 주위를 도는 일이다. 몸을 구부리거나 점프하는 일이며, 어쩌면 사과 속으로 숨어드는 일일 수도 있다. 그리고 사과에 관련된 모든 것을 체험하는 일이다.

지식은 계층을 만든다. '모른다'는 하나의 벽을 넘는 데는 기억력과 이해력, 계산력 등 갖가지 장애가 예측된다.

한편으로 시점을 바꾸는 것은 굉장히 쉬운 일이다. 자신이 이동하면 되기 때문이다.

'안다'는 것에는 아는지 혹은 모르는지 두 가지 선택지밖에 허용되지 않는다. 하지만 '본다'는 것은 무한히 가능하다. 각도와 거리, 또는 시선을 바꾸면서 선택지가 무한으로 주어진다.

'신체적인 행위'란 차츰 시점을 바꿔가면서 계속 사과의 주위를 도는 일이다. 이것이야말로 '무슨 말인지 하나도 모르겠다It's all Greek to me' 하고 외면당하는 교단 철학이 아니라 진정 '철학하는' 일이다. 철학하는 일은 누구에게나 항상 열려 있다. '지식'에서 해방되어 '시점'으로 방향을 돌리는 일에는 '신체적인 것으로의 회귀'를 바라는 염원이 담겨 있다.

기원전부터 지식 획득을 목표로 삼아온 우리 인간은, 지금은 지식이라는 정보에 지배받고 있다. 지식에 지배된 인간은 신체를 잊고 마치 인간이라는 사실을 잊은 것처럼 보인다.

우리는 말할 것도 없이 AI가 아니라 인간이다. 그리고 인간은 '시점'을 지닌 신체적인 생물이다. 다시 한번 '인간'을 되찾아야 하지 않을까. 이는 AI와 공존하기 위한 계기가 될 것이다. 어쨌든 지식의 축적과 분석 면에서는 AI가 우리 인간을 압도할 것이 불 보듯 뻔하기 때문이다. 지식 때문에 우리가 계층화되고 분단되는 거라면, 시점은 우리를 다시 하나로 이어줄 것이다.

철학하는 일은 인간에게 주어진 신체적 행위다. 타자에 대한 온기와 배려, 그리고 애정을 불러일으키는 일이다. 그리고 앞으로 다가올 시대에 희망이 될 것이다.

설명이 길어졌는데, 여기까지 읽어준 것에 감사의 마음

을 전한다.

이 커리큘럼 소개는 일종의 통과의례이며 앞으로 한층 더 유쾌한 내용이 전개될 것이다. 처음부터 찬찬히 읽어도 좋고 필요할 때 마음에 끌리는 부분만 '사용'해도 좋을 것이다.

오타케 게이

차례

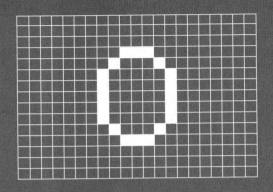

수업 준비

◆

보는 것은
세계와 관계를 맺고
세계를 바꿔나가는
일이다

삐딱하게 보다

> 한스 홀바인이 그린 〈대사들〉에서 길고 가느다란 얼룩은 내 시야의 조화를 흐트러뜨린다.
>
> **슬라보예 지젝 《삐딱하게 보기》**

    2018년 어떤 인터넷 회사가 오바마 대통령의 인터뷰 영상을 공개했다. 그 영상에서 오바마는 차마 들을 수 없는 비속어를 쏟아냈다. "드디어 오바마가 본심을 드러냈군!" 하며 박수를 치는 사람이 있는가 하면 "오바마가 이럴 리 없어" 하고 의심하는 사람도 있었다. 밝혀진 바 이 동영상은 '딥페이크[1]'라 불리는 완성도 높은 가짜였다.

---

1   인공지능을 기반으로 한 첨단 조작 기술. (옮긴이)

이 동영상 에피소드는 우리에게 두 가지 시사점을 던져 준다. '눈으로 본 것이 반드시 진실인 건 아니다'라는 사실과 '누구나 선입관에 영향을 받는다'는 사실이다.

이러한 페이크가 생성되는 것은 영상 기술이 발달했기 때문이며 극히 최근의 일이라고 생각하는 사람도 있을 것이다. 하지만 이미 기원전부터 철학자들은 '보는 것'에 대해 뜨겁고도 날카로운 사색을 2000년 이상 지속하고 있다.

위의 그림 〈대사들〉은 독일 화가 한스 홀바인Hans Holbein 이 1533년에 그린 작품이다. 이 그림이 유명한 이유는 클로드 모네나 오귀스트 르누아르의 그림과는 질이 다르기 때문이다. 모네와 르누아르의 그림은 사람의 마음을 움직이지만 〈대사들〉은 머리를 자극한다. 한마디로 '본다는 것은 무엇인가?'를 생각하게 한다.

이 그림에는 권위를 상징하는 물체가 곳곳에 그려져 있다. 많은 이가 가장 먼저 당당한 신사들에게 주목할 것이다. 게다가 시선을 유도하는 장치가 있다. 두 신사가 권력자임을 나타내는 소품이 그림 전체에 배치되어 있다. 이 소품은 학문과 문화를 상징한다. 다시 말해 두 신사가 세속과 교회 양쪽에서 강한 권력을 지니고 있다는 사실을 유추할 수 있다. 이들 권위의 상징은 '봐야 하는 것'을 정하는 기준이라고도 할 수 있다. 하지만 홀바인이 연출한 위화감을 알아차리는 사람도 있을 것이다. 그중에서도 가장 강력한 위화감은 아래쪽 가운데 바닥 위에 떠 있는 정체불명의 물체다. 그 정체를 간파하기는 상당히 어렵다. 왼쪽 아래에서 비스듬히 그림을 봐야 하기 때문이다.

정체는 해골이다.

이 그림은 '보는 것'에 대한 두 가지 사실을 암시한다. 우선 우리가 **'보고 싶은 대로만 본다'**는 사실이다. 두 신사에게 주목하게 해서 정체불명의 물체를 '못 보고' 지나치게 만든다. 어떤 경치든 보고 싶은 대로 봤을 때, 초점을 벗어난 것은 모두 정체불명이 되는 것이다. 홀바인의 그림에서도 해골에 초점을 맞추면 두 신사를 비롯해 그 외의 물체가 매우 기괴하게 보일 것이다.

그리고 또 한 가지, 이 그림은 우리가 '**진실을 원하는 대로 볼 수는 없다**'는 사실을 시사한다. '아래서 비스듬히 보지 않는 한 정체를 간파할 수 없다'고 미리 힌트를 줬다면 이 책을 들어 올려 그림을 볼 수도 있었겠지만, 이 자세는 책을 읽는 방법치고는 이상하다. 미술관에서도 '아래쪽에서 비스듬히 올려다보세요'라는 안내문이 쓰여 있다면 몰라도, 그렇지 않은데 그림을 아래에서 비스듬히 올려다보았다가는 괴짜 취급을 받을지 모른다.

그렇다면 이 해골은 어떤 타이밍에서 모습을 나타낼까. 바로 이 그림이 걸려 있는 방에서 나갈 때다. 방의 출구에서 무심코 뒤돌아보았을 때 느닷없이 해골이 눈에 들어온다. 그때야 비로소 '보는 사람'은 이 그림의 진실을 알게 되는 것이다.

이 갑작스러운 습격을 실제로 체험해볼 것을 권한다. 기회가 있다면 런던 내셔널 갤러리에 전시된 진품을 보면 좋을 것이다. 실물은 가로 207센티미터, 세로 209센티미터로 상당히 크다. 이 크기 또한 권력을 표현한다.

두 신사는 해골에 이르게 하는 장치에 지나지 않는다. 얼마나 거대한 권력을 장악하든 마지막에는 누구나 해골이 된다. 모든 권력은 해골이라는 불가피함 앞에서 사라진다.

이것은 '본다'는 행위에도 그대로 통용된다. '겉보기와 똑같은 것은 하나도 없다. 모든 것은 해석되어야 한다'는 슬라보예 지젝의 해설은 단순 명쾌하다. 우리는 '자신의 의도로 무언가를 보고 있다'고 생각한다. 하지만 실제로 **우리는 권력과 비슷한 것에 의해 '보도록' 유도**된다. 그리고 우연한 타이밍에 진실이 보였을 때 지금까지 본 것은 무의미해진다.

'보고 싶은 대로만 보는데도 진실은 의도치 않을 때 보인다.' 이것이 '본다'는 행위의 정체다. 우선 이 사실을 시작점으로 삼자.

진실을 볼 수 있는가?

인간은 자신이 보는 것을 그다지 믿지 않는다. 그렇기는커녕 전혀 믿지 않으며, 본다는 것은 사실 이 '믿지 않음'과 다름없다고까지 말하고 싶다. … 보이는 것을 처음에 믿으면 아무것도 보이지 않게 된다. 모든 것이 우리를 속이기 때문이다. … 관찰하는 사람 자신을 관찰하라. 가능하다면 물건의 주위를 돌아보면서 보이는 것을 만지고 탐색하는 건 어떨까.
관점perspective을 바꾸기 위해 가능한 한 보는 위치를 달리하는 건 어떨까. 이런 사람은 깊은 생각 없이 쉽게 믿지 않으며 예전에 그랬던 적도 없는 것이다.

알랭《인간론》

'보이는 것은 모두 우리를 속인다'. 이 문제는 철학의 탄생과도 관련된 중요 안건이다. 플라톤은 이를 '동굴'에 비유했다. 우리는 동굴 속에서 살고 있다. 손발은 물론 목도 돌릴 수 없게 묶여 있다. 동굴 속에서 우리는 동굴의 막다른 벽만 볼 수 있다. 그리고 등 뒤쪽으로 높은 곳에 촛불이 켜져 있다. 그러나 우리는 바라볼 수 있는 방향이 제한되어 있어 등 뒤에 있는 불을 확인할 수 없다. 그리고 우리와 불 사이에는 갖가지 물건이 있고 불빛이 그 모형과 도구를 비춰 동굴 안 벽에 그림자가 투영된다. 우리가 보고 있는 것은 바로 그 그림자다.

'동굴 상태'에서 벗어날 수 있는 사람은 없다. 누구나 시작 단계에서는 죄수다. **우리가 보고 있는 것은 단지 그림자이며 '물건 자체'를 볼 수는 없다.** 그리고 동굴의 비유는 동굴 바깥으로 이어진다.

죄수 한 사람이 포승에서 풀려난다. 빛을 보도록 지시받았지만 당연하게도 눈이 부셔 볼 수 없다. 게다가 잔혹하게도 그는 억지로 동굴 밖으로 끌려나간다. 그곳에서 마주한 것은 태양이다. 강렬한 빛을 피해 눈을 돌리지만 죄수는 서서히 이 환경에 익숙해지고 결국 태양을 쳐다볼 수 있게 된다.

'동굴의 비유'에서 가장 중요한 문제와 해답을 한꺼번에 정리해보자.

손발을 묶어놓은 사람은 누구인가? 포승을 풀어준 사람은 누구인가? 억지로 동굴 밖으로 끌고 나온 사람은 누구인가?

답은 '자기 자신'이다.

'뭐지? 나, 줄로 묶여 있는 게 아닌가?' '어라? 내가 있는 장소가 동굴 안이 아니었어?' 하고 생각하는 사람이 생긴다. 그중 몇 명이 '역시 묶여 있었어!' 하고 깨닫는다. 그리고 '동굴에서 빠져나가자!' 하고 용기를 낸다. 그렇게 해서 동굴을 탈출한 몇몇 인간을 기다리고 있는 것은 번쩍번쩍 내리쬐는 태양이다. '눈이 부셔 쳐다볼 수 없다'고 태양에서 벗어나려 하는 나약한 자신을 다그친다. 그렇게 해서 극소수만 태양을 볼 수 있게 된다. 이것이 감옥에서 벗어나는 과정이다.

태양이 비유하는 것은 '진실의 실체'다. '보고 있는 것은 우리를 속이고 있다'는 점에서는 알랭의 주장과 같지만, 다른 점이 두 가지 있다.

동굴의 비유에서 우리는 그림자를 진짜 실물이라고 맹신하는 반면, 알랭의 가르침에서는 그림자를 의심한다. 이 차이는 결정적이다. 동굴의 비유에서 동굴을 탈출할 수 있는 사람은 극소수로 한정되지만 알랭의 논거에 따르면 누구나 탈출할 수 있다. AI 시대를 살아가는 우리는 그의 가르침을 따르는 게 좋을 것이다. 다시 한번 조언을 곱씹어보자.

'물건 주위를 돌아보면서 보이는 것을 만지고 탐색해보자.'
'관점을 바꾸기 위해 가능한 한 보는 위치를 달리해보자.'

'속으면 안 돼! 진짜 실체를 봐야만 해.' 과연 이 플라톤의 지령을 완벽히 실천할 수 있는 사람이 있을까. 우선은 깔끔하게 '우리는 속을 것이라는 사실'을 인정하자. 보고 있는 것을 맹신해야 한다. 그렇기에 '시점'을 의식하고 '시점을 바꾸는' 일을 중요하게 여겨야 한다. 너무 가까우면 멀찌감치 떨어져보라. 그렇게 빙빙 돌면서 궁금한 점이 있으면 멈추고 다가가 관찰하는 것이다.

알랭의 조언에 '관점'이라는 전문용어가 나온다. 이에 대해서는 다음 페이지에서 자세히 살펴보자.

관점

"이건 뭔가요?" 하는 물음은 뭔가 다른 곳에서 보고 행해지는 의미 설정이다. '본체', '본질'이란 관점의 산물이며 다양성을 전제로 한다. 그 근본에 있는 것은 언제나 '그것은 내게 있어 무엇일까?' 하는 점이다.

니체 《유고(1885년 가을~1887년 가을)》

'참다운'이라는 표현이 약간 비일상적이라면 '진짜'라는 단어에서 연상되는 것을 꼽아보자. '진짜 성격', '진짜 사랑', 또는 '진짜 세계' 등이 있다. '진짜 자신'도 무척 자주 듣는 말이다. 연인이나 친구에게 자신의 '진짜 모습'을 보여주고 싶은 마음이 들기도 할 것이다.

철학자들 또한 수도 없이 '진짜'에 도전해왔다. 진검 승부를 펼치고 고뇌했으며 죽음을 맞은 철학자도 있다. 이러한 고통을 끌어안고서 철학자가 생각해낸 답은 '**진짜 ○○ 따윈 없어!**'다. '관점'이란 '진짜 ○○'에 관련된 중요한 키워드다.

'관점'을 철학에 도입한 사람은 고트프리트 라이프니츠 Gottfried Leibniz지만, 니체의 개념이 현대적으로도 철학사적으로도 더욱 큰 의미를 갖는다. 따라서 니체의 '관점'을 소개하고자 한다.

> '인식'이란 말에 어느 정도 의미가 있느냐에 따라 세계를 인식할 수 있게 된다. 하지만 세계는 다르게도 해석할 수 있다. 세계는 배후에 하나의 의미를 지닌 게 아니라, 무수한 의미를 거느리고 있는 것이다. 투시주의perspectivism다.
>
> **니체 《유고(1885년 가을~1887년 가을)》**

'투시perspective'는 예술에서 사용하는 전문용어다. 르네상스 시대에 완성된 표현 기법으로 '투시화법'이라고도 한다. 시각적으로 원근감을 묘사하는 방법이므로 '원근법'이라고 표현하는 경우가 많다. 원근법을 사용한 세계적인 명화로 레오나르도 다빈치의 〈최후의 만찬〉을 꼽을 수 있다. 그런데 철학에서 'perspective'에는 '원근법' 외의 의미가 있다.

'관점'을 영어로는 'perspective'라고 한다. 프랑스어는 영어와 철자가 같은 'perspective'이고 이탈리아어는 'prospettiva'

다. 이들 단어는 모두 라틴어 'perspicere'를 어원으로 한다.

짐작하겠지만, '관점'은 'per' 'spect' 'ive'로 분해된다. 각각 '~을 통해서', '본다', '일'을 뜻하며 이 세 가지를 다시 연결하면 '~을 통해 보는 일'을 의미함을 알 수 있다.

관점이란 '어떤 시점을 통해 관찰하는 일'인 것이다.

니체는 미술 용어를 철학의 상황에 활용했다. 문제를 설정하는 방법은 '그것은 무엇일까?'가 아니라 '그것은 내게 있어 무엇일까?'라고 주장했다. '내게 있어'란 자기 자신과의 관계 속에서 세상을 해석하는 일이다. 이것이 바로 '관점'이다.

'0.1 삐딱하게 보다'에서 그림을 아래쪽에서 비스듬히 올려다보는 사람을 괴짜라고 말했다. 이런 괴짜는 오래된 폐단의 파괴자이자 시대의 선구자이기도 하다. 철학자는 괴짜 중에서도 두드러진 괴짜일 것이다. 그들의 기행이나 자신만의 철칙, 또는 집념에 초점을 맞춘 책이 나온다면 그것은 '괴짜 열전'이 될지도 모른다.

철학적으로 올바르게 보는 방법은 움직이면서 보는 것이다. 시점을 바꿔가면서 보는 것은 곧 신체를 의식하면서 철학하는 일이다. 이렇게 '올바르게 보는 방법'은 '건강하게 보는 방법' 또는 '자유롭게 보는 방법'이라고 바꿔 말할 수 있다. 알랭도 다음과 같은 말을 남겼다.

> 우울한 사람에게 해주고 싶은 말은 딱 한 가지다. "멀리 보세요." ⋯ 인간의 눈은 이렇게 가까운 거리를 오래 볼 수 있게 만들어지지 않았다. 눈길이 드넓은 공간으로 향해야 인간의 눈은 편안하다. ⋯ 눈이 편안해질 때 비로소 사고가 자유로워지며 발걸음도 한결 차분해진다.
>
> **알랭《행복론》**

한 가지 이념에 치우친 사고는 불건전하다. 건전하지 않은 철학, 사람들을 우울과 불안으로 끌어들이는 철학은 사기다. '기쁨'에 대한 지식을 들어도 신체는 기뻐하지 않는다. 이는 철학의 중요한 주제이기도 한 '자유'와 '사랑', 그리고 '행복'에도 통하는 이치다. '신체를 철학의 축으로 삼자!' 철학자

들은 현대를 살아가는 우리에게 이런 메시지를 보내고 있는
것이다.

객관적 시점

> 신체로 세상 앞에 위치하지 않는 주체에 대해 '위에'라는 말이 대체 어떤 의미를 지닐까. … 인간학적 의미를 없애버리면 '위에'라는 말도 '아래에'라는 말이나 '옆에'라는 말과 구별할 수 없게 될 것이다. 예를 들어 '객관적' 공간의 보편적 형식은 그것 없이는 우리의 신체적 공간이 존재하지 않게 된다 할지라도, 그것이 신체적 공간을 존재하게 하지는 않는다.
>
> **메를로퐁티 《지각의 현상학》**

인터넷에 '객관적 시점'이라고 검색하면 수많은 결과가 나온다. 그 의미를 살펴보면 '주관적 관점에서 벗어난 독립된 시점'이다. 그것은 각자 다르게 보이던 것이 '누구나 똑같은 모습(진짜 모습)을 보는' 시점을 의미한다. 과연 객관적 시점이

란 존재할까.

　스위스 조각가 알베르토 자코메티Alberto Giacometti는 〈걷는 사람〉이라는 작품을 남겼다. 자코메티의 작품에서 표현의 원점은 '보이는 대로 표현한다'는 데 있다. 처음 자코메티의 조각을 봤을 때 '이게 뭐야?' 하고 어색함을 느끼지 않는 사람은 거의 없을 것이다. 누구에게나 똑같은 생각을 떠올리게 하는 〈걷는 사람〉은 자코메티의 다른 작품들과도 사뭇 다르다. 보이는 대로 표현한다니 대체 그에게는 무엇이 보인 걸까.

　신체가 관계하는 모든 불필요한 것을 없애면 그 작품처

럼 가늘고 기다란 형체가 된다. 자코메티는 이것을 '공허함'
이라고 표현했다.

신체와 세상의 관계를 뼈아프게 실감할 때가 있다. 가족
이나 친구, 배우자, 연인 또는 반려동물 등 소중한 존재가 세
상을 떠났을 때다. 몸부림쳐질 정도로 큰 아픔은 마치 자기
몸의 일부를 잃은 것과 같은 아픔이다. **우리는 이렇게 세상과 '신
체적 관계'를 맺고 있다.** 자기 몸의 한 부분이 아닐까 싶을 정도
로 세상과 깊이 관련되어 있다. 이는 '**신체도식**body schema'이라고
도 한다. 만약 세상과의 관계를 모두 잃는다면 신체는 어떻게
될까. 분명 아픔도 기쁨도 '공허' 상태가 되고 말 것이다.

메를로퐁티가 설명하는 신체도식에 고개를 끄덕이지 않
는 사람은 없을 것이다. 우리는 '위로', '아래로', '옆으로'라는
말을 항상 자신의 몸으로 표현한다. 그래서 '신체를 벗어난
독립된 시점'은 '공허한 시점'이 된다.

정들었다는 느낌이 있다. 이는 머리로 이해하는 것이 아
니라 몸으로 실감하는 것이다. 내게는 '길이 든 만년필'이 있
다. 20년쯤 사용해왔기 때문에 손에 착 감긴다. 이제는 내 손
의 일부분이나 다름없다. 정들었다는 표현은 자신과 상대 양
쪽이 서로 딱 맞지 않고서는 쓸 수 없다. 우리가 무언가를 만
지고 있을 때 항상 '맞닿아 있는' 것이다. 포옹도, 악수도 그러
하다. 자신과 세상의 관계도 마찬가지다. **우리와 세상은 항상 동
시에 맞닿아 있다.**

우리는 대상의 깊이, 벨벳과 같은 감촉, 부드러움과 단단함을 보는 것이다. 그뿐 아니라 폴 세잔의 말을 빌리자면 대상의 냄새까지도 보는 것이다.

메를로퐁티 《의미와 무의미》

'보는 것'은 세상과의 '맞닿음'이다. 내가 보고 있을 때 나는 보여지고 있다. 일방적으로 대상과 안구 사이에 선이 그어지는 것이 아니다. '보는 것'은 가역可逆적인 행위다.

객관적 시점으로는 '보고 보이는' 상호 관계가 성립하지 않기 때문에, '객관적으로 보라'는 말을 비장의 무기처럼 쓰는 것은 자신도 세상도 배신하는 일이 된다. 자코메티는 '보이는 대로 표현한다'는 신념을 관철함으로써 자신과 세상에 성실하게 존재한 것이다.

직관

철학자가 정신의 모험을 하는 것은 한 가지 확신을 얻었기 때문이다. 절대로 확실하다고 느낀 것이 있기 때문이다. 이 직관이 철학자의 능력을 이루는 원천이 된다.

베르그송 《**철학적 직관**L'intuition Philosophique》

처음 가보는 장소를 여행할 때 가이드의 안내를 받거나 지도를 보지 않는 사람은 거의 없을 것이다. 그 고장의 명소나 맛집, 또는 아직 잘 알려지지 않은 가게 등을 미리 알아보는 것은 여행할 때 꼭 필요한 준비 과정이라고 할 수 있다. 하지만 극소수일지라도 사전에 아무런 준비도 하지 않고 지도나 가이드 없이 지갑과 스마트폰만 들고 마음 내키는 대로 거리를 자유롭게 걸어 다니는 노련한 사람도 있을 것이다.

가이드북에 의존하면 두뇌가 가고자 하는 목적지에 지배되고 만다. 그 결과, 가는 도중에 만나는 경치를 놓치게 된다. 가이드북에 실린 사진은 은근히 무거운 압박을 가해온다. 하지만 '보는 것'을 본래 모습으로 되돌리면 이러한 압박감에서 해방된다.

'보는 것'은 명령을 받아서 하는 일도 아니고 앉아서 기다리는 것도 아니다. 이는 본래 놀람과 기쁨을 동반한 생생한 행위다. 거리에는 정해진 모습 같은 건 없다. 시시각각 변하므로 두 번 다시 똑같은 거리를 볼 수 없다. 당연히 가이드북에 실린 사진들은 달라지지 않는다. 시간은 시계처럼 재깍재깍 나아가는 것일 뿐 아니라 몸으로 느끼는 흐름이기도 하다. 변화에 반응하는 것은 우리의 몸뿐이다.

시점을 고정하지 말고 흐름에 따라 바라보자. 그러면 '보고 보여지는' 관계도 항상 신선하게 유지될 것이다. 그렇다면 어떻게 해야 흐름에 따라 바라볼 수 있을까.

베르그송의 대답은 직관이다. 직감이 아니라 직관.

직감은 그때그때 반응하는 것이며 여기서는 점과 점이 단절되어 있다. 반면 직관은 점과 점이 선으로 이어져 있다. 그리고 그 연결을 가능하게 하는 것이 신체에 기억된 체험이다. 그때그때 포인트처럼 따라 나오는 직감과 달리 직관은 지속된다. 직관에서는 흐름에 대한 의식을 빼놓을 수 없다.

신체에 기억된 체험이 직관을 지탱한다. 신체와 떨어져

있는 정보는 분명 누구나 사용할 수 있지만 우리가 마지막에 의지하는 것은 우리 자신이며, 정확히 말해 우리의 신체다. 거리를 어슬렁어슬렁 돌아다니다가 '이거다!' 하는 것을 발견한다. 가이드북이 가리키는 대로 따라갔다면 '이거다!' 하는 우연한 만남은 기대할 수 없다.

'보는 것'은 체험이다. 체험이라는 신체의 기억은 단순한 정보의 축적과는 수준이 다르다. **'보는' 것은 관계를 맺는 일이다.** 거리만이 아니라 사과에서 세상까지, 우리는 보는 행위를 통해 모든 것과 관계를 맺고 있다.

> 우리가 접촉하는 부분이 깊으면 깊을수록 우리를 표면으로 되돌리는 힘도 강할 것이다. 철학적 직관이란 이 접촉이며 철학은 이러한 약동이다.
>
> 베르그송 《철학적 직관》

이러한 직관이 가능한 것은 인간이지 AI가 아니다. 다시 한번 베르그송의 말을 인용해보자.

> 과학의 규칙은 지배하기 위해서 복종하는 일이다. 철학자는 복종도 하지 않고 지배도 하지 않는다. 철학자는 공감하려고 노력한다.
>
> 베르그송 《철학적 직관》

올바르게 본다 ≠ 똑바로 본다

태양과 죽음은 직시할 수 없다.

라로슈푸코 《잠언집》

이는 프랑스의 모럴리스트[1] 라로슈푸코La Rochefoucauld가 한 말이다. '동굴의 비유'에서 태양은 '진짜 실체'로 등장했다. 거기에서는 '진짜(태양)'와 '가짜(그림자)'를 구분하려 했지만, 반면 '태양은 직시할 수 없다'라고 단언한 철학자도 있는 것이다. 이는 윤리의 문제도 아니고 규칙의 문제도 아니다. 단순히 신체에 대한 문제다.

---

1 moralist, 16세기부터 18세기에 프랑스에서 인간성과 인간이 살아가는 법을 탐구하여 글로 표현한 사람.(옮긴이)

앞 문장에서 '직시'와 '올바르게 본다'의 차이를 생각해 볼 수 있다. 태양을 직시할 수는 없지만 '올바르게 보는' 것은 가능하다. 그 차이를 미켈란젤로의 다비드 조각상을 통해 살펴보자.

왜 다비드상은 그 위치에 놓여 있는 걸까? 다비드상은 정면으로 바라봐서는 안 된다. 그것이 작품에 대한 모독이라서 혹은 파렴치한 행동이라서가 아니다. 그 높이에서 보면 머리, 흉부, 복부, 하반신 등 신체 각 부분의 비율이 부자연스럽기 때문이다. 미켈란젤로는 받침대 아래에서 올려다볼 때 최고의 균형으로 인지할 수 있도록 다비드상을 조각했다.

이처럼 정면을 향해 똑바로 봐야만 올바르게 보는 건 아니다.

'올바르게 보는' 것의 반대 의미를 지닌 말은 편견이다. '편견'이 작동하는 상황은 너무 많아서 일일이 열거할 수 없을 정도다. 실제로 여러분도 편견 때문에 고민한 적이 있을지 모른다. 우리를 상처 입히는 편견은 부정적 언동만이 아니다. 아니, 오히려 긍정적 표현이 더 힘들게 하는 경우가 많다. '여자답게', '어머니답게', '신입 사원답게' 등은 모두 '올바르게 보고' 있지 않은 사람들의 발언이다.

미디어는 '편견'의 집합체라고 해도 과언이 아니다. 어떤 의미에서는 불가피하다고 할 수 있을지 모르지만 미디어는 모든 사물에 '필터'를 끼우고 가공해서 우리의 말과 행동을 다룬다. 그렇지만 이 점을 들어 미디어를 비판하지는 않는다.

미디어의 말에 필터가 끼워지는 것은 피할 수 없는 사실이기 때문이다.

　　중요한 것은 우리 자신이 '올바르게 보려는 의지를 갖는 일'이다.

올바르게 보는 것은
세계와 관계를 맺고
세계를 바꿔나가는 일이다

'보고 싶은 것밖에 볼 수 없는데 자신이 바라는 대로 볼 수는 없다.'

역설적이지만, 이 사실을 기반으로 할 때 비로소 우리는 '보는 것'을 의식하고 '올바르게 보려는' 의지를 가질 수 있다.

이 역설적인 이치는 돈의 사용법에 비유된다. 돈이 끝없이 채워지는 마법의 지갑을 손에 넣었다고 하자. 언제 어디서든 아무리 사용해도 돈이 떨어지지 않는다. 제트기를 사든 무엇을 하든 돈이 끊임없이 넘쳐 나온다면 '돈 사용법'을 의식하지 못할 것이다. 그래서 돈을 낭비하기만 하는 사람은 세상과 연결될 리 없다.

이 이치는 '생명'과도 통한다.

불사不死가 아니기에 더더욱 우리는 어떻게 살아가야 할지 의식하고 '살아가는 방법'을 고민한다. 그것은 올바르게 살아가자고 의지를 다지는 일이다.

상대가 달라지면 자신도 달라진다. 자신이 바뀌면 상대도 바뀐다. 변화를 거부하면 신체는 경직되고 피폐해지고 말 것이다.

마지막으로 한 가지 주의해야 할 점이 있다.

올바르게 보는 것은 의지를 갖는 일이며 강제할 수 있는 일이 아니다. 세상과의 '맞닿기'를 즐기자. 철학자들이 치열하게 고민하면서 발견한 '시점'을 체험해보자. **'시점'을 바꾸면 우리가 안고 있던 문제의 모습을 바꿀 수 있다.**

한 점을 빤히 바라보기만 한다면 문제는 해결하기 어려운 상태 그대로일 것이다. 그럴 때일수록 적극적으로 시점을 바꿔보자. 몸의 긴장을 풀고 여기저기 돌아다니면서 문제를 계속 살펴보자. 그러다가 올바르게 볼 수 있을 때 문제가 시원스럽게 답을 가르쳐줄 것이다.

각 장 제목에 있는 '정리', '해체', '탐구', '발전', '재생', '창조'는 우리의 제안이며 어느 시점이나 자유자재로 응용할 수 있다는 것을 덧붙여둔다.

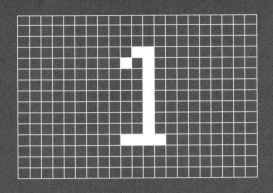

첫 번째 수업

◆

정리의 시점

끌어안고 있는 문제는 보인다.
하지만 우선순위가 보이지 않는다.

모든 문제의 근본에 있는 선입관을 파헤치고
각 문제를 분류해서 순위를 매기는 데 도움이 되는 시점.

왜 수학을 배우는가?

동등한 정신력을 지니고 동등한 조건하에 있는 사람 사이에서
는 기하학을 이해하는 사람이 이기고 새로운 힘을 얻는다.

《팡세》

2020년 중등교육을 거쳐 고등교육(대학교와 전문대학 등)
에 진학하는 비율이 최대치인 83.5퍼센트가 되었다[1].

고등학교를 졸업했다면 누구나 일련의 과목을 배웠을
것이다. 그런데 '수업 과목을 싫어하는 순서로 나열해보자'라
는 질문을 받는다면 어떻게 대답할까. 압도적으로 많은 표를

---

[1] 통계청 '나라지표'에 따르면 우리나라의 2020년 고등교육 진학률은 70.4퍼센트다.(옮긴이)

받는 과목이 수학일 것이고, 수학의 뒤를 잇는 과목은 물리일 것이다. 하지만 파스칼은 그런 기하학(여기서는 넓은 의미에서의 기하학으로, 물리나 수학 전반을 포함한다)의 시점이야말로 승리의 비결이라고 표명했다.

'클레오파트라의 코가 조금만 더 낮았다면 세계의 역사가 완전히 달라졌을 것이다.'

이 또한 파스칼이 한 말이지만 사람들에게 가장 잘 알려진 그의 말은 단연 '생각하는 갈대'일 것이다.

> 인간은 한 줄기 갈대에 지나지 않는다. 자연 속에서 가장 나약하다. 하지만 인간은 생각하는 갈대다. 인간을 무너뜨리는 데 우주 전체가 무장할 필요는 없다. 한 번 뿜은 증기, 한 방울의 물이라도 인간을 죽이기에 충분하다. 하지만 우주에 짓눌려도 인간은 우주보다 고귀하다. 인간은 죽는다는 사실과 우주가 자신보다 뛰어나다는 사실을 알고 있기 때문이다.
>
> 《팡세》

《팡세》는 단편으로 구성되어 있고 시점의 보물 상자 같다. 불세출의 철학자 니체도 《팡세》에 경외심을 표현했다.

일상에서 파스칼을 접할 기회가 있다. '헥토파스칼$_{hPa}$', 말하지 않아도 다 아는 기압의 단위다. 단위에 이름을 남긴 과학자로는 그 밖에도 뉴턴이나 와트를 들 수 있다. '파스칼의 정리Pascal's theorem'도 증명한 데다 그는 세계 최초의 기계식 계산기를 발명했다. 우리는 파스칼의 공적에 많은 도움을 받고 있는 셈이다. 하지만 안타깝게도 파스칼은 39세의 젊은 나이에 요절하고 말았다.

젊은 천재 파스칼의 재능은 수학과 물리뿐만 아니라 철학의 영역에까지 미쳤다. 그중 하나가 '기하학' 시점이다. 수학이라는 교과의 내용, 예를 들어 벡터vector나 수열 이야기를 꺼내면 알레르기를 일으키는 사람이 있을지 모르지만, 파스칼 이론의 기초를 배우면 왜 수학이 필수인지, 그리고 어떻게 인생과 일에 연관되는지 알게 된다.

'기하학'의 시점은 날조나 눈속임을 꿰뚫어본다. 의심스러운 말로 얼버무리지 않고 간단명료하게 설명할 수 있다.

파스칼이 우리에게 주의를 일깨워주는 점이 있다. 우리는 헷갈리는 일을 기피하는 것 같지만 실은 그것을 추구하고 있다는 사실이다. 확실한 것보다 애매모호한 것을 볼 때 더 편하다. 거대한 비전에 종종 나타나는 '이념'이 그 좋은 예다. 물론 이념을 부정하는 것은 아니다. 하지만 어렴풋이 '허풍일지도 모른다'고 느끼면서도 편하게 그쪽으로 향하고 마는 심리가 누구에게나 있기 마련이다. '사실'은 때때로 혹독하지 않은가.

그러나 이 심리를 자각할 수 있기에 우리는 기하학의 힘으로 세계를 확실히 판별해야 한다. 그것은 이성을 사용해 장애물을 제거하는 데서 시작된다. 가장 확실한 것부터 그다음 확실한 것으로, 차례차례 이어나가야 한다.

기하학은 '작다', '크다', '낡다', '새롭다'는 불명확한 표현을 허용하지 않는다. '작다'는 것은 '2분의 1로 축소', '새롭다'는 '2퍼센트 성장' 하는 식으로 명확하게 나타낸다. 이렇게 숫자와 시간으로 사실을 분명하게 확인시킨다.

이것을 혼란스러운 문제의 불변하는 부분이나 문제의 핵심을 꿰뚫어보는 시점으로 바꾸어보자. 거기서부터 하나씩 수학을 증명하듯 논리를 펼쳐나가자.

기하학의 효력은 인간 형성과 윤리에까지 파급된다. 이는 자신의 유한성을 자각하게 한다. 따라서 파스칼은 철학과 수학뿐 아니라 종교의 영역에서도 크게 활약했다. 수학자는 때로 우수한 인격자이기도 하며 동시에 종교가이기도 하다. 일본에서는 오카 기요시岡潔[2]가 좋은 예다.

공간이 제한 없이 분할된다는 것을 믿지 않는 기하학자는 없다. 인간이 영혼 없이 존재할 수 없는 것처럼. 하지만 무한 분할을 모두 이해하는 사람은 없다.

《팡세》

---

2 오카 기요시(1901~1978): 일본을 대표하는 수학자. 물리학자인 유카와 히데키(湯川秀樹)와 도모나가 신이치로(朝永振一郎)에게 영향을 미쳤다.

기하학은 '무無'나 '무한無限'을 이해할 수 있도록 한다. 그러나 이들을 결코 체감할 수는 없다. 무나 무한은 '그저 경탄할 만하다'라고 파스칼은 단정한다. 실은 '기하학'의 시점 이상으로 중요한 파스칼의 시점이 있다. 6.2 섬세함 편에서 이어집니다.

소쉬르 : 가치

왜 인기 있는 얼굴은
시대에 따라 달라지는가?

논항이 있는 곳에 가치가 있다.

《일반언어학 강의》

'가치'를 사전에서 찾으면 '사물이 지니고 있는 쓸모'라
고 설명되어 있다.

'값어치'라는 자본주의에 딱 들어맞는 의미도 있다. "가
치 있는 것은 무엇인가?" 하는 질문을 받으면 어떤 이미지가
떠오르는가. 명품 같은 값비싼 물건일까. 아니면 인생에 한
번뿐인 장면이 담긴 사진 같은, 둘도 없이 귀한 물건일까. 이
러한 '가치'라는 시점으로 세계관을 단박에 뒤바꾼 사람이 페르디낭 드
소쉬르Ferdinand de Saussure다.

소쉬르는 언어학사상 가장 큰 공적을 남겼다. 전통적인

언어관을 180도 바꾼 그의 연구 결과는 철학은 물론이고 종교학, 정신분석학, 그리고 예술 분야까지 파급되었다. 그리하여 그는 '근대 언어학의 아버지', '구조주의의 시조'라고 불린다. 하지만 이 천재는 제네바대학교에서 강의를 완수하지 못한 채 56세에 세상을 떠났다. 소쉬르의 저서로 알려진 《일반 언어학 강의》는 사실 그가 쓴 것이 아니다. 이 책은 세 차례에 걸쳐 이루어진 소쉬르의 강의록으로, 사후에 그의 제자들이 자신들의 청강 노트를 모아 정리해서 편집한 책이다.

'언어는 어떻게 탄생했을까?' 하는 소박한 의문을 품은 적이 있는가? '물건에는 이름이 있는 게 당연하다'라는 답도 있을 것이다. 이 말이야말로 전통적인 언어관이었다.

아기의 이름을 짓는 경우를 생각해보자. 언어로서의 명칭도 그와 똑같이 생각할 수 있다. 우선 명칭이 없는 동물이 있다. 그리고 그들에게 '개'나 '고양이' 같은 이름이 부여된다. 하지만 이러한 언어관에는 중대한 문제가 있다. 명명되지 않는 것은 존재하지 않는 것이 된다는 사실이다. 소쉬르는 이러한 잘못된 견해를 폭로하고 올바른 세계관으로 바로잡았다.

물건이 먼저 존재하고 그에 이름을 붙인 것이 아니다. 이름을 부여함으로써 우리에게 필요한 것이 명백히 보이게 된다.

이름이 없는 것은 존재하지 않는 게 아니라 단지 이름이 없을 뿐이다. 길고양이나 미확인 생물도 비록 이름은 없지만 분명히 존재한다. 중요한 점은 '사람들에게 필요한' 명칭을 부여한다는 사실이다. 여기서 가치의 본질이 밝혀진다. 가치를 자칫 가격이라고 생각하면 그 본질을 잘못 인식하게 된다. 가치가 지닌 것은 높고 낮음이 아니라 의미의 깊이다. 게다가 의미의 깊이는 우열이 될 수 없다. 앞에서 인용한 '논항論項, argument'을 '시점'으로 치환해보자.

'시점이 있는 곳에 가치가 있다.'

가치 있는 시점이 있는 것일까, 아니면 시점 자체에 가치가 있는 것일까.

'가치'란 장소에 따라 다양하게 변화한다. 물론 시대에 따라서도 달라진다. 변화하는 가치라고 하면 '얼굴'이 좋은 예가 될 것이다. 시대에 따라 인기 있는 얼굴이 변화를 거듭하고 있다.

약 1000년 전 일본에서는 검고 긴 머리칼에 아랫볼이 불룩한 얼굴 모양, 그리고 가느다란 눈매에 입과 코가 작은 사람이 미인의 조건이었다. 마찬가지로 언어의 의미도 시대에 따라 변화한다. 똑같은 뜻을 나타내는 단어도 고어에서 현대어로 넘어오면서 철자나 발음이 바뀌기도 한다. 이렇게 소쉬르는 하나의 사실을 발견했다.

'가치'란 내용에 따라서가 아니라, 다른 논항과의 관계에 의해 정의된다.

'양'을 가리키는 프랑스어 'mouton(무통)'과 영어 'sheep(십)'을 예로 들어보자. 프랑스인은 'mouton'의 털을 깎고 'mouton'

을 먹는다. 하지만 영어권에서는 'sheep'의 털을 깎기는 해도 먹지는 않는다. 먹는 것은 'mutton(무턴)'이라 한다. 즉 프랑스어 'mouton'은 영어의 'sheep'보다 폭넓은 의미를 내포하고 있다. 이것이 단어의 '가치'다.

각각의 가치는 단독으로 존재하지 않는다. 각각의 언어가 지닌 시스템 내의, 다른 논항과의 상관관계에 의해 비로소 '가치'가 생겨난다.

"매애애애" 하고 우는 살아 있는 양과 양고기를 구별하는 문화도 있다. 형과 동생, 나아가서는 장남, 차남, 삼남부터 막내까지 구별하는 언어문화도 있는가 하면 'brother(남자 형제)' 한 단어로 충분한 문화도 있다. 의미의 깊이가 있을 뿐이다. 따라서 가치란 유용도를 표시하는 것이 아니다. 하물며 가격으로 측정할 수 있는 것도 아니다. 어떤 시점에나 가치가 있으며 그 역할은 상황에 따라 변화한다.

가치를 통해 세상을 보는 일이 '가치관'이다. 이 책에서는 가치 외에도 소쉬르의 시점을 '2.6 자의성'과 '4.1 맥락' 편에서 두 가지 더 소개한다. 물론 이 세 가지 외에도 중요한 시점이 있으며 이들은 서로 관계를 맺으면서 소쉬르의 세계관을 구성한다.

1.3

인간은 안드로이드가 될 수 있을까?

인간의 뛰어난 지혜가 얼마나 다양한 자동기계를 만들어낼 수 있을까. 이것을 아는 사람은 인체를 신이 만든 하나의 기계로 여길 것이다.

《방법서설》

'안드로이드는 인간이 될 수 있을까?' 이러한 의문이 떠오른 적이 있을 것이다. 이 제목을 내건 인기 서적도 있다. 과학기술의 발달로 AI가 내장된 사람 모양의 로봇이 탄생했다. 나사NASA는 로보넛Robonaut이라 불리는 휴머노이드 로봇 계획을 진행 중이다. 이렇게까지 고도로 발달하면, 안드로이드는 '인간'을 위협할 수 있는 존재가 된다. 왜 인간은 이런 위험에 굳이 도전을 계속하는가? 그런데 문제는 '안드로이드가 인간이 될 수 있을까?'가 아니라 '인간이 안드로이드가 될 수 있을까?'에 있을지도 모른다. 이미 17세기에 데카르트는 같은 의혹에 휩싸였다. '인간이 기계일지도 모른다'고.

갈릴레이 갈릴레오, 뉴턴, 케플러Kepler와 그들보다 앞서간 코페르니쿠스를 더한 네 명이 이끈 과학의 대규모 변혁은 '17세기 과학혁명'이라고 일컬어진다. 자동기계(이것을 전문적으로 '오토마타automata'라고 부른다) 자체는 주제나 아이디어로서 기원전부터 존재했다. 하지만 17세기에 이르러 더욱 정밀한 기계가 제조되었다. 그들보다 더 앞선 시대에 활약한 대과학자 레오나르도 다빈치도 '레오나르도의 로봇'을 남겼다. 이는 15세기에 그가 설계한 자동기계로, 실제 제조까지 했다고도 전해진다. 현대에 다시 제조되어 이 로봇이 완전히 기능한다는 사실이 증명되었다.

과학혁명이라는 소용돌이 속에서 '옷 속에 자동기계가 숨어 있을지도 모른다'라는 의혹을 품은 데카르트가 구축한 것이 '기계론'이다. 라메트리[1]는 《인간 기계론L'Homme-machine》을 저술하고 데카르트의 논리를 철저하게 따라 '인간은 스스로 태엽을 감는 기계다'라고 정의했다.

데카르트라고 하면 '코기토 에르고 숨Cogito ergo sum'을 떠올리는 사람이 많을 것이다. 이 라틴어 문구는 '나는 생각한

---

1   라메트리(La Mettrie, 1709~1751): 18세기 프랑스의 의사이자 철학자.

다, 그러므로 존재한다'라고 번역된다. 아마도 윤리나 역사 시간에 많이 들어봤을 것이다. '근대 합리주의의 아버지'로 이름을 알린 철학자 데카르트가 남긴 이 철학 명제가 널리 알려진 데 반해서 '생각한다'는 뜻을 지닌 '코기토'야말로 인간과 기계를 구분하기 위해 그가 최종적으로 도달한 제1 원리였다는 사실은 그다지 알려져 있지 않다.

넓은 의미의 '기계론'은 인과관계만으로 현상 전반을 설명할 수 있다는 학설이다. 좁은 의미에서는 인간의 신체를 일종의 기계로 취급하는 것이다. '기계론'의 대표자인 데카르트는《정념론》에서 '살아 있는 인간의 몸과 죽은 몸의 차이는 자동 기계에 태엽이 감겨 있는 경우와 그 기계가 망가져 운동의 원리가 작용하지 않는 경우의 차이다'라고 강조했다.

기계에는 두 가지 측면이 있다. 누군가의 의도로 제조되는 측면과 자연법칙에 따르는 측면이다. 과학자이기도 한 데카르트에게 신체는 자연의 메커니즘을 밝히는 최적의 소재였다. 그 구조와 체계를 전부 손에 넣은 사람은 인간과 구분되지 않는 자동기계를 제조할 수 있을 것이다. 이 문제 해결의 단서로서 데카르트는 인간과 동물의 차이를 고찰했다.

만약 자동기계가 원숭이같이 이성이 없는 동물의 기관과 외양을 갖추고 있다면, 우리는 이 기계와 동물을 구분할 방법이 없다.

《방법서설》

이것이 데카르트의 '동물 기계론'이다. 여기서 '나는 생각한다, 그러므로 존재한다'와 결부된 문제가 제기된다.

'완전한 신체적 기능을 갖춘 기계 인간과 피가 흐르고 감정이 있는 인간을 어떻게 구별할 수 있을까?'

그것이 진정한 인간이 아니라고 식별할 수 있는 상당히 확실한 방법이 있다. 그 첫째는 이들 기계가 우리처럼 자신의 사고를 타인에게 표명하지도 못하고 언어를 사용할 수도 없다는 사실이다. 둘째는 이러한 기계들이 인식에 의해 움직이는 것이 아니라 단지 그 모든 기관의 배치에 따라 움직일 뿐이라는 사실이다.

《방법서설》

'사고하다', '사고를 표명하다', '대화를 나누다', '인식하다' 를 통틀어 '생각하다'라고 하며, 이것이 데카르트 인간관의 제1원리다. 다시 말해 **사고하고 있느냐 아니냐에 따라 '인간인지 기계인지' 구별된다는 것이다**. 이 논리는 기계 인간에 두려움을 느낀 데카르트가 찾아낸 빛이었다.

그리고 현대에 이르러 우리는 지능이 인공화된 기계에 위협을 받고 있다. 이러한 상황은 그 위대한 합리주의자 데카르트도 예측하지 못했던 모양이다. 이제 '나는 생각한다, 그러므로 존재한다'가 파괴되려 하고 있다. 인간의 목숨 줄과 같은 '지력知力'에 도전하려는 안드로이드가 등장한 것이다. 올바른 기억, 올바른 계산, 올바른 판단 등 기계의 손에 건넨 지력은 수없이 많다. 언젠가 '인간은 안드로이드가 될 수 있을까?' 하는 물음에서 인간을 재정의할 필요가 대두할 것이다. AI와 인간은 어떠한 공존 관계를 만들 수 있을까? 장 보드리야르의 인간관이 참고 자료가 될 것이다. (6 특별수업) 편에서 이어집니다.

왜 대화력이 중시되는가?

내면 담화에 있어 나는 나 자신에 대해 아무것도 전달하지 않는다. 나는 자신에게 아무것도 지시하지 않는다. 내가 할 수 있는 건 기껏해야 나 자신이 그렇게 하고 있다고 상상하는 일이며, 나 스스로 자신에 대해 무언가를 표명하는 모습을 표상하는(représenter) 것뿐이다.

《목소리와 현상》

신입 사원이 갖춰야 할 능력은 무엇일까? 그중 한 가지는 커뮤니케이션 능력이다. 시대가 바뀌어도 이 답에는 변함이 없다. 그렇다면 커뮤니케이션 능력이란 무엇일까? 그 답은 애매모호하다. 사람과 기업에 따라 달라지기 때문이다. 이에 대해서는 각자가 알아서 설명하는 방법밖에 없을까. 이 혼란을 해결하는 데는 자크 데리다의 '로고스 중심주의'가 도움이 된다.

취업 활동을 하는 대학생이나 취업 준비생은 구두 면접을 받게 된다. 영어를 중심으로 외국어 능력이나 프레젠테이션 능력을 평가받기도 한다. 이들에는 공통점이 있다. '커뮤니케이션 능력이 곧 대화 능력'이라는 일률적 사고방식이다. 회사 업무는 메일이나 보고서 등 문자로 이루어지는 커뮤니케이션이 많은 부분을 차지하는데도 대화 능력이 평가를 크게 좌우한다. 이러한 상황을 '로고스 중심주의' 사고로 바라보자.

데리다는 서양의 논리를 '로고스 중심주의'로 표현한다. '로고스logos'란 무엇일까? '로지컬logical'이 로고스의 파생어라는 것을 알면 이해하기 쉬울 것이다. 이 용어는 '만물유전[1]'으로 유명한 고대 그리스의 철학자 헤라클레이토스가 한 말이다. 그는 '로고스'를 만물의 생성을 지배하는 법칙으로 정의했다. 스토아학파 철학자들은 로고스에 다양한 의미를 더했다. 그들에게 로고스는 세상의 법칙이자 신 자체이기도 했다. 이렇게 로고스는 철학뿐 아니라 신학에서도 가장 중요한 개념으로 자리 잡기에 이르렀다. 즉 로고스를 중시하지 않으면 비이성적이고 비인간적인 것으로 간주되었다. 이것이 '로고

---

1   萬物流轉, 모든 것은 끊임없이 변한다는 뜻. (옮긴이)

스 중심주의'다.

　'로고스 중심주의'는 글자 그대로 '로고스+중심주의'로 성립된다. 그리고 '○○ 중심주의'는 서양철학을 다시 돌아보고 새로 일으키기 위한 급진적인 시점이다. '○○ 중심주의'는 단순한 철학 개념이 아니라 문화와 젠더, 역사, 국제 관계, 정치, 그리고 인간관계에도 응용할 수 있는 시점이다. 그래서 이때부터 데리다는 철학의 이상주의, 또는 소리와 목소리를 중심으로 구축된 세계관에 대해 비판하기 시작했다.

　서양의 세계관에는 진실이 존재한다. 그리고 서양철학은 그 진실의 이해를 전제로 한다. 마찬가지로 자신의 사고와 내면의 소리야말로 전통적인 철학에서는 진정한 자신이었다. 진정한 자신을 표현하기 위해 사람은 말로 소리를 내어 타인과 이야기한다. 이렇게 발언함으로써 사상을 표현하고 사상 자체를 만든다. 꼭 발언을 기록해야 한다면 적어서 글로 남긴다. 그래서 기술記述은 내면에서 하는 말보다 열등한 것으로 간주되는 것이다. 결국 '글쓰기'는 타협이다.

　이런 주장을 한 대표적인 인물이 플라톤이다. 현재 남아 있는 플라톤의 작품은 모두 대화 형식으로 쓰여 있다. 유일한 예외는 《소크라테스의 변명》이지만 연설 기록이기도 하기 때문에 음성 중심이라는 사실에는 변함이 없다. 플라톤은 '기억력이 충분히 단련되지 않은 사람만 글을 쓴다'라고 지적하고 《파이드로스》에서 기술에 대한 불신감을 증명했다. 전통적인 서양철학에서 언어란 마음과 생각을 표현하는 도구인 것이다.

한편 데리다는 **언어가 현실을 구축하고 사고의 한계를 결정한다**고 인식했다. '로고스 중심주의'라는 시점은 서양철학의 오류를 이해하는 기점이 된다. 이것은 당연하다고 생각하는 사회 구성과 지식의 근거를 다시 생각하게 하는 시점이다. 데리다의 목표는 소리와 기술의 계급을 뒤바꾸는 게 아니라 '목소리는 진짜 자신을 표현하기 위한 적절한 매체'라는 전제를 비판하는 것이다.

데리다는 굉장히 이해하기 어려운 글을 쓰는 철학자로도 유명하다. 포스트모던 사상에 대한 난해한 글로 비판받았다. 그래도 데리다의 사상을 알고 싶은 독자에게는 《강의록》을 추천한다. 말로 설명한 것이므로 비교적 이해하기 쉽고 같은 내용이 여러 차례 반복된다. 게다가 사형 폐지론, 주권 문제, 동물과 인간, 역사 등 친숙한 주제가 많다. 이렇게 보면 아이러니하게도 **이야기하는 말과 글로 쓰는 말의 구별을 비판했던 데리다가 난해한 책을 쓰고 평이한 강의를 했다고** 할 수 있다.

루소 : 사회계약

국가가 먼저인가,
국민이 먼저인가?

사회질서란 신성한 권리이며 이것이 다른 모든 권리의 토대가
된다. 하지만 이 권리는 자연에서 나오는 것이 아니라 합의에
기초를 두고 생겨난다.

《사회계약론》

'세금 도둑'은 어느새 귀에 익은 말이다. 얼마 전 총무성[1]
에서 〈행정의 신뢰성 확보와 향상〉이라는 제목의 보고서를
발표했다. 국가행정에 대한 불신은 코로나 사태로 한층 더 통
렬하고 심각해졌다. 우리의 권리를 지켜주는 사회는 어디에
있을까? 아니, 찾아도 소용없다. 의지를 공유해 사람들에게

---

1 한국의 행정안전부에 해당하는 일본의 행정조직. (옮긴이)

잘 어울리는 사회로 만들어야 한다. 이렇게 설득하는 주장이 바로 '사회계약'이다.

이를 제목으로 한 《사회계약론》은 장자크 루소가 쓴 저서다. 이 책에 담긴 '**사람은 자유인으로 태어났지만 어디서나 쇠사슬에 얽매여 있다. 자신이 타인의 주인이라고 믿는 자도 실은 그들보다 더 노예로 살고 있다**'는 유명한 문장은 프랑스혁명 발발 직후에 채택된 프랑스 〈인간과 시민의 권리선언〉의 기초가 되었다. 일부를 발췌해보자.

제1조 인간은 권리에 있어서 자유롭고 평등하게 태어나 생존한다. 사회적 차별은 공동 이익을 근거로 해서만 있을 수 있다. 제3조 모든 주권의 원리는 본질적으로 국민에게 있다. 어떠한 단체나 어떠한 개인도 국민으로부터 명시적으로 유래하지 않는 권위를 행사할 수 없다.

'자유롭고 평등한 국민'. 우리에게는 당연한 것인지도 모른다. 하지만 당시 프랑스는 절대왕정 체제에서 신분제도가 국민을 짓눌렀으며 부자유와 불평등이 당연시되었다. 루소 같은 계몽사상가들은 이러한 시대 배경이 있었기에 '국민이 주권을 획득하는' 일을 이론화했다. 사회계약설은 유럽에만 영향을 미친 것이 아니었다. '동양의 루소'라 불린 일본의 사상가 나카에 조민中江兆民은 《사회계약론》을 한문으로 번역해

《민약역해民約譯解》로 출간했다. '사회계약'은 일본의 자유 민권운동을 추진하는 데 핵심 원동력이 되었다.

루소는 '사회계약'이라는 개념을 토머스 홉스[2]와 존 로크[3]에게서 이어받았다. 세계사 교과서에도 사회계약설을 주장한 사상가로 이 세 사람이 함께 소개된다. 하지만 그 내용은 인물마다 다르며, 가장 큰 차이는 인간의 '자연 상태' 규정에서 드러난다.

우선 토머스 홉스는 자연 상태를 '만인이 만인에 대한 적이다'라고 주장한다. 자연 상태의 인간은 자신의 욕망에만 따른다. 자신의 욕망을 충족하기 위해서는 타인을 해치는 일도 꺼리지 않는다. 홉스에게 사회 권력은 이러한 투쟁, 침해, 전쟁을 피하기 위해 필요하며 개인은 사회와 계약함으로써 자신의 자유와 생명을 공적인 권력에 의해 보호받는다. 이것이 홉스의 이론이다.

존 로크는 자연 상태의 인간을 어떻게 묘사했을까. 키워드는 '자연법'과 '소유권'이다. 자연 상태의 인간은 단지 '자연법'에 지배된다. 로크가 생각한 자연법은 '그 누구도 타인의 생명, 건강, 자유, 재산을 침해해서는 안 된다'는 주장이다. 이

---

[2] 토머스 홉스(Thomas Hobbes, 1588~1679): 17세기 영국의 철학자. 《리바이어던》에서 사회계약설을 설명했다.
[3] 존 로크(John Locke, 1632~1704): 17세기 영국의 철학자. '영국 경험론의 아버지'로 불린다. 《통치론》 중 〈시민 정부론〉에서 사회계약설을 설명했다.

자연법이 만인의 소유권을 보호한다. 하지만 자연법으로는 인간의 욕망을 관리할 수 없다. 그래서 사람들은 인위적으로 법률을 정하게 되었다. 사회는 사람이 정한 이 법을 집행할 힘을 갖고 거기 속한 사람들의 소유권을 지키는 것이다.

한편 장 자크 루소가 주장하는 자연 상태에서는 인간이 아무것도 소유하지 않는다. 가족도 없고 '내 아이'라는 인식도 없다. 아이는 자연스럽게 모인 집단 속에서 자유롭게 키운다. 루소는 그러한 자연 상태가 유지되는 사회를 이상으로 여겼다.

《인간 불평등 기원론》에 따르면 **'자연 상태란 우리의 자기 보호 행위가 타자의 자기 보호 행위를 해치는 일이 가장 적은 상태로, 이 상태야말로 본래 가장 평화적이며 인류에게 가장 적합한 상태'**다. 하지만 이미 인간은 언어와 과학기술을 획득했다. 그리고 '노동'이 생겨난다. 동시에 재산이나 저축이라는 개념도 인간의 욕구에 자리 잡았다. 더 이상 자연 상태를 바랄 수 없게 되었다. 그래서 루소는 다른 이상적 형태로서 '사회 상태'를 모색한다.

루소는 《사회계약론》에서 '사회계약'은 '어떻게 하면 공동의 힘을 다해 각 구성원의 인격과 재산을 지키고 보호하는 통합 방식을 찾아낼 수 있을까?' 하는 어려운 문제를 해결하는 비책으로 제시한다.

이 문제 제기에는 하나의 조건이 따른다. '자신에게만 복종하고 계속 그 전과 같이 자유로울 수 있어야 한다.' 왕제든 귀족제든, 혹은 민주제든 어떠한 정치체제에서나 무엇보다 우선 '자유롭고 평등한 인민이 주인'이어야 한다. 그래서 자신 이외에 주인을 섬기는 국민의 국가는 국가로서의 기능을 제대로 하지 못하는 것이다.

> 인민이 주인에게 길들면 이미 주인 없이는 살 수 없게 된다. 그래서 멍에를 벗어던지려고 하면 할수록 점점 더 자유에서 멀어진다.
>
> 《인간 불평등 기원론》

프랑스의 시인이자 우화 작가 장 드 라퐁텐[4]의 우화에 〈왕을 원하는 개구리〉가 있다. 개구리들은 민주정치하에서 살고 있었다. 하지만 이 정치체제에 싫증이 나 "저희에게 왕을 주십시오" 하고 제우스에게 빌었다. 그러자 제우스는 대들보를 보냈다. 목재이므로 당연히 명령을 내리지 않았다. 그저 침묵하고 앉아 있는 관대한 왕이었다. 개구리들은 이 왕에게도 싫증이 나 "다른 왕을 보내주세요" 하고 빌었다. 제우스는 이번에는 두루미 한 마리를 보내주었다. 두루미는 개구리들을 한 마리씩 잡아먹었다. 개구리들은 고통을 호소했다. 그러

4　장 드 라퐁텐(Jean de La Fontaine, 1621~1695): 17세기 프랑스의 시인. 이솝을 위시한 다양한 우화를 엮은 우화시를 썼다. 프랑스에서 우화라고 하면 이솝이 아니라 라퐁텐을 가리킨다.

자 제우스가 대답했다.

"처음에 스스로 통치했으면 되지 않는가. 하지만 그렇게 하지 않았다. 그다음에는 관대하고 조용한 왕이면 좋지 않았더냐. 지금의 왕으로 견뎌라. 더 지독한 왕이 오면 안 될 테니."(《라퐁텐 우화》)

우리는 자유를 방임에서 비롯된 방종과 혼동한다. 루소도 걱정했던 점이다. 우리는 지금 우화 속 개구리가 되어 가는 게 아닐까. 사회라는 공적 권력을 행사하는 자들도 자유롭고 평등한 일원이다. 사회계약을 체결한 각자의 자유로운 주체는 스스로의 능력을 공동의 것으로 하고 공통의 이익에 도움이 되어야 한다. 이 의지는 국가에 명령받는 것이 아니다. 개인적인 사유로 발동하는 의지도 아니다. 모든 구성원이 공유하면서 개인을 움직이는 의지다. 루소는 이를 '일반의지'라고 불렀다. 그리고 일반의지를 통해 행복한 사회가 이루어진다.

이 세상에 오직 혼자. 이제 형제도 이웃도 친구도 세상과의 교류도 없이 천애 고독한 몸이 되었다. 나처럼 사람 사귀기를 좋아하고 인간을 사랑하는 자는 없을진대 그런 내가 만장일치로 모두에게 추방당한 것이다.

《고독한 산책자의 몽상》

이 글은 루소의 유작이자 절필인《고독한 산책자의 몽

상》첫머리다. 프랑스를 비롯해 세계 각국의 정치체제와 자유운동에 영향을 미친 루소에게 대체 무슨 일이 있었던 것일까? 루소는 당시 프랑스 사상계를 대표하는 백과전서파의 핵심 인물인 볼테르, 디드로, 달랑베르와 재능을 서로 인정하면서도 사상 면에서 대립했는데, 개인적으로도 언쟁을 일으켜 차례로 절교하게 된다. 버트런드 러셀[5]은 루소에 대해 '그가 모든 통상적인 미덕에 결함이 있었다는 사실에는 수많은 외부적 증거가 있다'(《러셀 서양철학사》)라고 엄격한 평가를 내렸다.

루소는 이상가였던 것일까? 아니면 제멋대로였던 것일까? 그는 무엇을 몽상하며 죽음을 맞이했을까. 하지만 철학을 하는 자는 인물 자체를 신격화하지 않을뿐더러 맹신도, 무시도 하지 않는다. 그 사람의 시점을 시대에 적용해나간다. '사회계약'의 시점을 살리느냐 죽이느냐, 그것은 우리 손에 달렸다.

---

5   버트런드 러셀(Bertrand Russell, 1872~1970): 20세기를 대표하는 영국의 철학자. 1950년에 노벨 문학상을 받았다.

마르셀 : 실존

팬데믹 이후의 모습은?

'나'와 '나 자신의 신체'의 사이에 있는 것과 똑같은 관계가 '나'
와 '세계'의 사이에 있는 한—내가 신체화된 존재자인 한—세
계는 나에 대해 존재한다.

《형이상학 일기Journal Métaphysique》

코로나19 사태는 콜레라나 페스트 팬데믹과는 성질이
다른 면이 있었다. 우리가 전폭적인 신뢰를 보내던 '안전'을
붕괴시키고 전 세계를 '불안'으로 몰아넣은 게 그것이다.

'불안'은 우리가 어떤 모습으로 있는지에 따라 유래한다.
그렇다면 코로나 위기 후에는 '실존'이라는 시점이 한층 중요
해질 것이다. 역사는 불안의 시대일수록 실존 철학을 추구한
다는 것을 보여주기 때문이다.

코로나 사태가 시작된 2020년 초, 알베르 카뮈(3.1 참조)의 《페스트》가 전 세계에서 전무후무한 관심을 끌었는데, 카뮈도 실존주의자로 소개된다. '실존주의자'를 철학 사전에서 조사해보면 키르케고르[1], 하이데거(3.4 참조), 사르트르(3.3 4.2 등 참조)의 이름이 거론된다. 키르케고르로부터 시대를 거슬러 올라가게 되는데, 사상적으로는 파스칼(1.1 6.2 참조)도 실존주의 사상가로 여겨진다.

그들이 생각해온 '실존'이란 무엇인가? 이에 대해서는 대개 장 폴 사르트르의 다음 글귀가 언급된다.

'실존은 본질에 앞선다.'

'본질'이란 무엇인가? '본질'이 우선이라면 인간의 '본질'이 미리 정의되어 있고, 각 개인은 그 '본질'에 따라 살아가는 것이 규칙이 된다. 여기에는 '우리가 무엇이 될까?' 하는 과제가 생긴다. 한편으로 '실존'은 미리 '이렇다'고 정립해놓지 않는다. 오히려 그런 것은 없다고 생각한다. 애초에 우리는 아무것도 아니다. 아무것도 아니기 때문에 인간은 미래를 향해 주체적으로 '투기投企'(5.2 참조)함으로써 스스로를 창조하는 사람이 된다. '실존은 본질에 앞선다'는 것은 **'무엇이 될까?'**보다 **'어떻게 될까?'**를 중시한다고 바꿔 말할 수 있다.

---

1   키르케고르(Søren Aabye Kierkegaard, 1813~1855): 덴마크의 철학자. 일반적으로는 실존주의 사상가의 효시로 여겨진다.《불안의 개념》《죽음에 이르는 병》이 유명하다.

사르트르와 카뮈는 기독교가 인간의 '실존'을 손상시킨다며 문제시하고 스스로 무신론자라고 공언했다. 그리고 '신앙'으로는 해결되지 않는 세상의 부조리를 사람들에게 내보였다. 이렇게 해서 사람들의 주체적인 '투기'를 부추겼다. 당시 사상계에서 사르트르나 카뮈의 위력은 절대적이었다. 그래서 사람들은 실존주의자는 곧 무신론자라고 믿었다.

반면 소수파이긴 하지만 가브리엘 마르셀Gabriel Marcel 같은 기독교적 실존주의자[2]도 있었다. 마르셀에 따르면 **'실존자는 나의 신체에 관련해 규정되고 위치가 매겨진다'**(《존재와 소유Être et Avoir》). '실존하는' 것은 결코 객체화된 '나'가 아니다. **무엇보다도 우선 '나의 신체'가 실존하는 것이다. 신체 없이 세상에서 '나'로 인정받을 수는 없다.** 첫머리에서 말한 '신체화된 존재자'는 이러한 의미를 담고 있다. '신체화된'을 뜻하는 프랑스어 'incarné'는 'incarner(구체화하다, 신체를 부여하다)'의 과거분사형이다. 그 명사형인 'incarnation'은 '화신火身' 또는 '강생降生'이라고 번역되며 대문자로 시작되는 'Incarnation'은 그리스도가 인간의 모습으로 태어난 것을 의미한다. 사르트르가 마르셀을 기독교적 실존주의자라고 명명한 이유가 여기에 있다.

여기서 '죽음'에 대해 생각해보자. 마르셀은 우리에게

---

2 마르셀은 적극적으로 이 분류에 찬성하지 않는다. 본래 '실존'은 '신앙'으로 이끌리기 때문이다.

'빅토르 위고[3]나 나폴레옹이 실존하지 않는데, 과연 우리는 무엇을 말하려 하는가?'(《존재의 비밀Le Mystère de L'être》)라는 물음을 던진다. 우리는 신체의 기능이 정지되는 것을 생각할 수 있다. 하지만 그것은 '죽음'에 대해 생각하는 것이 아니다. 만일 '나'가 생산만 하는 기계였다면 '나의 죽음'은 단순히 장치의 최후에 지나지 않는다. 당장 '나'의 장소도 역할도 새로운 누군가로 대체될 것이다. 과연 우리의 '죽음'도 이런 것일까? 그렇지 않다고 한다면 그 열쇠는 '타자他者'와의 관계에 있을 것이다.

즉 '나는 어떠한 모습으로 있어야 하는가?'라는 물음은 '나'가 대답할 것이 아니다. 그것은 '타자'로부터 제기된다. 그리고 이는 어떻든 절대적 타자인 신의 목소리에 다다른다. 이 메시지를 잘 알아듣는 것이 마르셀이 주장하는 '신앙'이다.

사르트르로 대표되듯 무신론을 옹호하는 실존 사상가들은 '죽음'을 고찰하면서 '신앙'을 배제했다. 한편으로 '불안에 대해 반성하는 사람은 누구나 파스칼과 키르케고르를 자기반성의 중심에 두지 않을 수 없다'(《인간적인 것을 거스르는 인간들Les Hommes Contre L'humain》)라고 말하는 마르셀은 아마도 사르트르파와는 다른, 코로나 위기 후의 미래를 주장할 것이다.

---

3 빅토르 위고(Victor Hugo, 1802~1885): 프랑스 낭만주의를 대표하는 19세기의 시인이며 소설가. 정치가이기도 하다. 《레 미제라블》의 저자.

코로나19가 초래한 '불안'은 우리가 어떤 모습으로 살아가기를 추구해야 하는지 물음을 던진다. 그리고 실존자를 '신앙하는 자'로 유도한다. '신앙하는 자'는 단지 교단에 소속된 '신자'와는 다르다. '신앙'이란 특정한 무언가를 믿음으로써 자기를 강하게 만드는 것이 아니다. 오히려 자신을 무無로 만듦으로써 누군가의 호소를 받아들이는 일이다. 그때 '특정한 무언가'는 '신', '미래', '타자' 등 다양한 언어로 표현할 수 있다.

자본주의를 살아가는 인간

봉준호 감독의 SF 영화 〈설국열차〉는 카를 마르크스의 '계급투쟁'을 비유한 작품으로 해석할 수 있다. 지구온난화로 인한 기후변화와 자연재해를 막기 위해 새로운 빙하시대를 야기한 인류는 전멸 직전에 이른다. 생존자는 지구를 도는, 마을 크기의 열차로 대피하지만 식료품이나 자원이 절대적으로 부족하다. 사람들은 살아남기 위해 차내에서 대참사 전의 사회 계급을 재생한다. 수많은 노동자가 생산수단을 가진 소수의 대부호를 위해 3D(힘들고 더럽고 위험한) 일을 한다. 영화 속 주인공은 혁명을 일으키지만 자본주의사회의 표상인 열차에 남아 있는 한 빈부 격차는 해소되지 않는다. 선택지는 두 가지뿐이다. 약육강식의 열차에 남을 것인가, 아니면 자본주의로 파괴된 지구에 살 것인가.

영화에서는 자본주의가 악몽으로 그려지지만 자본주의 경제 모델은 생활수준을 높이고 많은 사회문제를 해결한다. 자본주의는 유토피아인가 디스토피아인가. 애덤 스미스의

《국부론》을 통해 살펴보자.

> 외국 산업보다 국내 산업의 유지를 선택함으로써 그는 단지
> 자신의 안전을 꾀하는 데 불과하며 그 생산물이 최대의 가치
> 를 지닐 수 있는 방법으로 산업을 관리해 자신의 이익을 의도
> 하는 것이다. 그는 이런 상황에서 다른 많은 경우와 마찬가지
> 로 보이지 않는 손에 이끌려 그의 의도에는 전혀 들어 있지 않
> 았던 목적을 추진하는 것이다.
>
> 《국부론》

많은 철학자와 마찬가지로 스미스는 인간을 혐오했다.
평생 결혼하지 않고 어머니와 함께 살았으며, 정치가도 은행
원도 상인도 싫어했다. 토머스 홉스나 몽테뉴(2.1 참조) 등의 많
은 철학자가 인용하는 라틴어 '인간은 인간에게 늑대다Homo
homini lupus est'라는 말은 애덤 스미스의 사상을 이해하는 데 중
요한 역할을 한다. 인간은 위험한 존재이므로 법률이나 제도
가 없으면 악한 근성을 제어할 수 없다. 또 이렇게 신랄한 표
현도 했다. '개들이 서로 공정하고 계획적으로 뼈다귀를 주고
받는 모습을 본 사람은 아무도 없을 것이다.'(《국부론》)

평화의 열쇠는 상업에 있다. 일종의 캐피탈리즘으로 인
간의 이기주의를 이용해 사회 전체의 이익으로 삼는 것이 스
미스의 목표다.

애덤 스미스에 따르면, 사람은 '자신의 이익'밖에 생각하지 않는다. '이익'은 금전욕만 의미하는 것이 아니다. 누구나 고통을 회피하고 행복을 추구할 것이다. 인간의 본질은 달라지지 않는다. 그러므로 사회는 그 힘을 이용해 누구나 행복을 달성할 수 있는 환경을 조성해야 한다.

열쇠는 인간의 심리에 있다. 인간 심리를 마음대로 조종해 개인의 이익을 최대화하는 환경을 만든다. 이렇게 하면 인간은 '보이지 않는 손에 이끌려' 자신을 위해, 그리고 필연적으로 타인을 위해 노력한다. 이 환경만 갖춰지면 개인의 상업활동에 대한 국가의 간섭은 필요 없다.

프랑스어로 '레세페르laissez-faire'라는 말이 있다. '되는 대로 내버려둬라'라는 의미의 자유방임주의 사상이다. 많은 사람이 레세페르 사상가로 애덤 스미스를 꼽는다. 그렇지만 그는 《국부론》에서 이 말을 한 번도 사용하지 않았다. 게다가 인간에 대해 불신감을 갖고 있는 스미스는 현대에 '레세페르'를 주장하는 사람들과 달리, 국가는 최소한의 규칙을 만들 필요가 있다고 생각했다. 특히 독점을 금지하는 법률에는 찬성했을 것이다. 또 현대의 자원과 환경문제 등을 예상하지 못했던 스미스는 국가 간 자유무역을 권장했다.

'보이지 않는 손'이 모든 사회문제를 해결하지는 못한다. 거슬러 올라가도 플라톤의 《국가》를 비롯해 많은 사상가는 우리에게 이상향을 제시하고 실현할 길을 소개하는 경향이 있다. 하지만 이것은 탁상공론일 뿐, 시대의 변화를 고려하지는 못한다. 확실히 애덤 스미스의 자본주의 모델을 목표로 해 국민의 생활수준을 향상시킨 국가는 있다. 하지만 그 국가도 자본주의사회라고는 하지만 사회보장 등 질병이나 장애로 자유경제 경쟁에 참여하지 못하는 사람을 보호하는 제도가 반드시 필요하다. 또 AI 혁명으로 많은 일자리가 불필요해짐에 따라, 스미스가 찬성하지 않았을 거라고 생각되는 기본 소득제[1]를 주장하는 정치가나 CEO가 증가하고 있다.

20세기에 또 다른 유토피아인 공산주의를 추구한 일은 기억에도 새롭다. 공산주의 혁명 아래 셀 수 없을 정도로 많은 희생자가 생겼다는 사실도 쓰라린 상처로 남아 있다. 인간의 내면에 있는 늑대를 길들이는 제도는 불완전한 자본주의뿐일까? 단지 우리가 자본주의에 적응했을 뿐일까?

포스트모던 사상가 프레드릭 제임슨[2]은 '세상의 종말을 상상할 수는 있지만 자본주의의 종말은 상상할 수 없다'라고 말한다. 우리는 새로 대두한 문제를 해결하기 위한 새로운 사회 모델을 상상할 수 있을까? 아니면 봉준호 감독이 그린 세계가 현실이 될 것인가?

---

1   Basic Income, 모든 국민에게 동일한 최소 생활비를 지급하는 소득분배 제도. (옮긴이)

2   프레드릭 제임슨(Fredric Jameson, 1934~): 미국의 사상가. 마르크스 사상을 축으로 활동하고 있다.

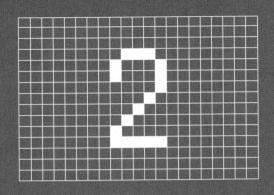

두 번째 수업

◆

해체의 시점

이제 무엇이 문제인지 알 수 없다.
보이는 것은 습관과 타성뿐.

선입관과 상식, 그리고 체제를 깨는 데 도움이 되는 시점.

판단 중지는 사고 정지인가?

회의주의라는 사고관은 내가 천칭과 함께 새겨 넣은 문장인 '크세주(Que sais-je, 나는 무엇을 아는가)?'처럼 의문형으로 나타내면 더욱 확실하게 알 수 있다.

《수상록》

상사와 부하 또는 영업부와 제작부가 각각 자신의 의견을 주장하느라 문제를 좀처럼 해결할 수 없는 것처럼 어느 사회에서나 입장 차이에서 비롯된 충돌은 일상다반사일 것이다. 업무 회의를 거듭할수록 혼란스럽고 과제는 보이지 않게 된다. 몽테뉴는 이럴 때 '판단을 중지하라'고 말한다.

16세기 미셸 몽테뉴의 조국 프랑스는 가톨릭파와 프로테스탄트파로 양분되었다. 둘로 나뉘었다고는 해도 일방적으로 선과 악으로 나뉜 것이 아니었다. 가톨릭 측이 이단으로서 단죄하고 아무리 엄격하게 탄압해도, 프로테스탄트에는 고유의 정의가 있었다. 가톨릭교회의 부패를 시정하겠다는 사명은 프로테스탄트가 내세운 정의의 심장부였다. 하지만 양측에 정의가 있기 때문에 상황은 더욱더 악화되었고 가톨릭에 의한 프로테스탄트 대학살이라는 최악의 사태까지 벌어지고 말았다.

하지만 이는 교과서적인 상황 설명일 뿐이다. 표면적으로는 기독교의 두 종파에 의한 내란이기는 하지만, 이 전쟁에는 왕가와 귀족의 권력투쟁, 프랑스를 둘러싼 잉글랜드와 스페인 등 여러 국가의 권력투쟁까지 뒤얽혀 있었다. 그 결과 프랑스에서는 하나의 왕조가 끝나고 부르봉 왕조가 시작되기에 이른다.

이것이 몽테뉴가 살던 시대의 상황이다. 그런 가운데서 어느 쪽 진영으로도 기울지 않고, 어느 쪽에도 속하지 않는 건 아슬아슬하기 짝이 없는 일이었다. 실제로 몽테뉴는 자객의 습격을 받기도 하고 바스티유 감옥에 투옥되기도 했다. 과연 어떤 입장에서 문제를 바라봐야 궁지에서 벗어날 수 있을까.

몽테뉴가 직면한 문제는 복잡하게 얽혀 있었겠지만 그 정도까지 복잡하고 혼란한 문제가 아니더라도, 누구나 조금씩은 골치 아픈 문제를 맞닥뜨린 경험이 있을 것이다. 그럴 때 그 문제와 어떻게 마주하면 좋을까?

몽테뉴식 회의懷疑는 크고 작은 여러 이해관계가 복잡하게 얽혀 있는 문제를 단순화하는 비법이다. 회의주의는 기원전의 철학자 피론Pyrrhon에서 시작되어 몽테뉴, 데카르트(1.3 참조), 데이비드 흄[1], 그리고 칸트에게 계승되었다.

회의는 철학의 기본 자세로 자리 잡아 "철학자는 의심만 하는군!" 하는 야유도 쏟아졌다. 하지만 몽테뉴의 회의는 그런 의미가 아니다. 몽테뉴는 자신의 회의를 '크세주'라는 물음으로 바꿔 말했다. 핵심은 의문형에 있다. **'나는 아무것도 알지 못한다'라고 단정하지 않고 '나는 무엇을 아는가?' 하고 의문형으로 제시했던 것이다.**

예를 들어 '이 의견은 잘못되었어!' 하고 단정할 때 무엇을 근거로 할 것인가? 다양한 답이 있을 수 있다. 그중에서도 최악은 상사나 관행에 의지하는 것이다. 그렇지만 우리의 판단은 종종 이런 권위를 따르게 된다. 따라서 일단 '판단을 중지'해야 한다. 몽테뉴는 실제로 그리스어로 '나는 판단을 중지한다'라고 새긴 메달을 만들어 항상 가지고 다녔다. 물론 '판단을 중지한다'는 '누군가의 지시를 기다린다'와 정반대 자세다. 이는 '자신의 눈으로 확인하는' 자세로 귀착된다. 판단을 중지한다는 것은 기다리기는커녕 적극적이고 과감하게 행동에 나서는 일이다.

---

1   데이비드 흄(David Hume, 1711~1776): 영국 경험론을 대표하는 18세기의 철학자.

실제로 우리는 정말 자신의 눈으로 보고 있는가?

세상 혹은 유행의 눈으로 세상을 보고 있지는 않는가?

세상의 시점이란 '이러이러해야 한다'는 시각이며, 유행의 시점은 '이러이러하길 바란다'는 시각이다. 이에 반해 몽테뉴가 전수하는 시점은 '정말로 자신의 눈으로 보고 있는가?'다.

상황이 혼란스러울 때야말로 자신의 눈으로 확인하자. 이는 중용의 시점이라고도 할 수 있다. '중용'이라는 말을 오인해서는 안 된다. 이는 좌우 양 끝 중간 지점을 가리키는 것이 절대 아니다. 몽테뉴가 종교전쟁을 종결하기 위해 지속적으로 한 일은 선입관을 물리치는 일, 그리고 어느 쪽 세계든 항상 자신의 눈으로 확인하는 일이었다. **몽테뉴의 중용은 양극을 오가는 시점이었던 것이다.**

몽테뉴의 회의는 '의심하는' 것이 아니라 '자신의 눈으로 확인하는'행동을 중시하는 것이다. 역설적이지만 우리 눈은 속기 쉬워서 더욱더 신뢰할 수 있다. 인간의 신뢰와 진가는 권위에 의해 생기는 것이 아니라, 이렇게 자신의 눈으로 확인하는 행위를 통해 추구할 수 있다.

르봉 : 군중

SNS가 국가를 움직이는가?

> 군중은 온갖 외부 자극에 농락당하며 그로 인한 끊임없는 변화
> 를 반영한다. 따라서 군중은 일단 자신들이 느끼는 충동의 노예
> 가 된다.
>
> 《군중심리》

소수 의견을 가진 사람을 다수 의견에 맞추도록 암묵적
으로 강요하는 동조 압력은 일본 특유의 현상이라고 해석되
기도 하지만 꼭 그렇지만은 않다. 오늘날 어떤 국가에나 공
통되는 문제다. 유럽과 미국에서 일어나고 있는 캔슬 컬처[1]

---

1 유명인이나 사회적 영향력이 큰 사람이 논란을 일으킬 만한 발언이나 행동을 했을 때
   SNS 등을 통해 그를 공격하고 추방하려는 활동의 총칭. (옮긴이)

와 비슷하다. 정치가나 저명인사가 자신의 발언과 행동을 철저하게 규탄당하고 활동 중지로 내몰리는 현상이다. 'You are cancelled(너랑 끝이다)'라는 말에서 유래한다. 이 현상에서 우리는 SNS 등 소셜미디어의 보급이 불가결하다는 것을 쉽게 상상할 수 있다. 이 문제를 '군중'의 심리로 분석한 사람이 프랑스 사회심리학자 귀스타브 르봉이다.

르봉은 군중의 심리를 분석하면서 근대를 모든 국가에서 군중 세력이 급속히 증가하고 있는 시대, 즉 '군중의 시대'라 이름 붙였다. 그의 저서 《군중심리》가 세상에 나온 것은 1895년의 일이다. 프랑스혁명 발발 100주년을 기념해 파리에서 만국박람회가 개최된 해가 1889년이다. 프랑스에서는 이 대혁명부터 《군중심리》 출간까지 단 100년 사이에 상상도 할 수 없는 역사적 대사건이 연속적으로 일어났다. 그 계기가 된 것이 '군중'이다.

군중의 힘은 프랑스혁명을 실현했다. 하지만 바로 군중은 당초의 목표를 잊었다. 그 후 쿠데타가 두 번 일어나 왕정복고 또는 군주정치 등으로 이어졌다. 물론 로베스피에르[2]나 나폴레옹 같은 걸출한 인물의 등장은 가장 중요한 항목이다.

2 　로베스피에르(Robespierre, 1758~1794): 프랑스혁명의 중심인물. 혁명 후 정치가로서 권력를 강화하고 사실상 프랑스의 최고 권위자가 되었다. 하지만 정적의 탄압과 숙청을 개시하면서 그 정치체제는 '공포정치'라고 불린다. 결국 자신도 숙청 대상이 되어 단두대에 올라 처형되었다.

하지만 실제로는 군중 쪽이 더 그들의 운명을 좌우해왔다.

《군중심리》는 100년 이상도 더 된 산물이다. '현대에도 통용될 것인가?' 하고 의심스러워하는 시각도 있겠지만 전혀 문제없다. 오히려 '군중'은 잠잠해지기는커녕, 당시와는 비교할 수도 없이 고도로 발달한 테크놀로지와 상업주의로 더욱 첨예화, 확대화되고 있다. 그 경향이 현저하게 드러난 분야가 상업광고 방송과 SNS다.

상업광고 방송을 뜻하는 CM이라는 약어를 쓰면 의미가 명확히 전달되지 않는데, 애초에 이 용어는 일본에서 만든 단어인 'commercial message'에서 유래한 것이다. 즉 상품 판매를 목적으로 한 메시지다. 가끔 의미 깊은 광고를 만나기도 하지만 정의상 '상품을 판다'는 행위와 동떨어진 철학적, 예술적 메시지를 담을 수는 없다. 끈질길 정도로 반복되는 메시지를 불쾌하게 느끼는 사람도 많을 것이다.

그리고 SNS는 CM과 달리, 공개에 적합한지 아닌지 확인을 거치지 않기 때문에 한층 더 심각하다. SNS상에서 발생하는 크고 작은 문제는 이매망량[3]에 비유할 수 있을 정도로 남을 해치기 쉽다. 메시지는 단정적이며 숱하게 반복된다. 그래서 폭발적인 침투력과 영향력을 발휘한다. 이 메시지는 실제 세계에도 예상외로 큰 영향을 미친다. 정치나 경제, 교육

---

3 魑魅魍魎, 요괴와 잡귀를 통틀어 부르는 명칭. (옮긴이)

도 SNS에서 생기는 일을 간과할 수 없다. 그곳에서 이루어지는 '단언,' '반복', '감염'은 르봉이 군중에게 사상을 주입하는 방법으로 꼽는 세 가지 수단과 완전히 겹친다.

르봉에 따르면 '추리나 논증을 면제받은 조건 없는' 메시지가 군중을 움직이는 결정타다. 이때 '왜?'라는 증명은 불필요하며 오히려 방해가 될 뿐이다. 군중이 요구하는 것은 '진실이 아니라 환상'인 것이다. 그 환상은 자극으로 더욱 현실감을 띠게 된다. 따라서 '반복'이 꼭 필요하다. 그리고 '단언'과 '반복'을 함께 갖추면 반드시 '감염'이 일어난다.

자극은 핵심적인 문제를 애매하게 하는 힘이 있다. 그것은 굉장한 힘이다. 핵심은 '왜 그러한가?'에 기인하고, 그래서 문제 해결에는 시간을 요한다. 그것이 자극에는 천적이 된다. 군중은 '충동적으로 추종하는 성향을 띠며 과격하고 단순'하게 있으려 하기 때문이다.

그리고 또 한 가지 중요한 분석이 있다. 앞에서 소개한 인용은 이렇게 계속된다.

이성으로 판단해서 그 자극에 따르는 일이 나쁜 결과를 가져온다고 깨달으면 그에 따르지 않는다. 각 개인은 자기의 반사작용을 제어할 능력을 갖고 있지만 군중은 이 능력이 결여되어 있다.

《군중심리》

즉 군중을 형성하는 개인은 군중이 해체되면 각자 남처럼 된다는 뜻이다. SNS의 인물상과 실제 본인이 전혀 다른 것은 특별한 현상이 아니다. 르봉 이론의 핵심은 감염자인 군중이 그 상황에 대해 의식하고 있지 않다는 점이다. 그들은 의욕적으로 그러려는 게 아니라 무의식적으로 완고하며, 무의식적으로 마음에 휘둘리고, 무의식적으로 충동의 노예가 된다.

'군중'이라는 시점을 다루는 데는 세심한 주의가 필요하다. 똑같은 시점은 파스칼(1.1 참조)에게도 니체에게도, 그리고 스페인의 철학자 오르테가 이 가세트Ortega Y Gasset에게도 있다. 이러한 시점 자체가 위험한 것은 아니다. '군중'이라는 시점을 어떻게 사용하느냐는 우리에게 달렸다.

우리가 목표로 삼는 것은 군중을 움직이는 권력자일까, 아니면 군중을 해체하는 개혁자일까? 다른 답도 있다. 자신이 군중의 일부가 되지 않기로 하는 것이다.

2.3

왜 굳이 루브르 박물관에 가는가?

'아무리 가까이에 있어도 멀고 아득하게 느껴지는 단 한 번뿐인 현상'이라는 아우라의 정의는 예술 작품의 숭상 가치를 공간과 시간이라는 지각知覺의 카테고리에 따라 나타낸 것이다. 아득함은 가까움의 반대다. 아득함의 본질은 가까이 다가가기 어렵다는 데 있다.

《기술복제시대의 예술 작품》

루브르 박물관까지 〈모나리자〉를 보러 갔다가 실망했다고 말하는 사람이 적지 않다. 실물은 상당히 작다. 게다가 주위에 서 있는 사람들 때문에 소란스럽다. 그렇기에 만족감을 얻을 수 없다. 차라리 친구 집 벽에 걸려 있는 복제화가 더 아름답다. 그렇다면 '애초에 박물관에 가는 게 의미 있을까?'

값비싼 명품을 손에 넣은 사람은 모조품이 아닌 '진품'이라는 것을 자랑한다. 하지만 같은 '진품'을 산 사람이 몇만 명이나 된다. '이것을 정말 진품이라고 말할 수 있을까?'

그래서 발터 벤야민은 '아우라'에 대해 생각했다.

'아우라'의 원어는 'aura'다. '오라'는 영적인 기운이나 저세상, 또는 초능력에 대한 것이지만 '아우라'는 이런 뜻과는 전혀 관계가 없다. 우리는 '아우라'를 통해 예술을 본질적으로 체험한다. 손쉽게 복제할 수 있는 시대가 오기 전까지 진짜 작품은 세상에 하나밖에 없었다. 작품과 감상자는 늘 일생에 단 한 번 만나는 인연이었다. 물론 복제품은 유사 이래 항상 존재해왔다. 하지만 그것은 진품을 재현할 수 없는 '가짜'일 뿐이었다. 진품과 똑같은 가치를 지닐 수 없었다. 그렇기에 단 한 번에 한해서 체험이 가능했고 이때 사람들은 아우라를 목격했던 것이다. 그러나 이제는 진품을 간단히 복제할 수 있다. 현대는 '아우라의 몰락' 시대다.

아우라의 몰락은 산업혁명에서 시작되었다. 근대화에 의한 환경의 격변이 세계관마저 뒤바꿔놓았다. 사람들은 말할 수 없는 고독과 따분함, 그리고 소외감을 느끼게 되었다. '이 상황에서 탈출하려면 어떻게 해야 좋을까?' 그 답 중 하나가 바로 오락이다. 하지만 여기에는 아편과 같은 것이 작용한다. 자극은 한층 더 강한 자극을 갈구하게 한다. 일본 추리소설계의 거장 에도가와 란포의 작품 《지붕 아래의 산책자》주인공 고다 사부로는 따분한 나머지 그곳에서 해방되기 위해 살인을 저지르기에 이른다. 도시인이라면 고다 사부로가 될 가능성이 있을지도 모른다. 극단적인 예이기는 하지만.

고독감을 안고 별다른 목적 없이 거리를 어슬렁거린다. 벤야민은 이런 사람들을 산책자라고 이름 붙이고, 그 인물상을 자신의 에세이에서 발전시켰다. 벤야민은 산책자에게 공감하고 단지 오락으로 끝나지 않는, 의미 있는 예술 체험 방법을 모색했다.

고독도 따분함도 시대에 따라 다르게 느껴지기 마련이다. 이를테면 따분함을 느끼는 형태는 스마트폰이 등장한 이후에 급격히 바뀌었다. '따분함'은 20세기의 새로운 병이었다. 그러나 따분함을 견디지 못하는 사람들에 의해 다양한 발명이 이루어졌다. 스마트폰은 어떤 의미에서 '따분함'을 치유하는 특효약이다. 과학기술이 발달하면 시대에 따라 고독과 따분함도 변화한다. 그 변화는 예술 작품에까지 영향을 미친다.

벤야민은 기술 복제 시대의 예술 작품과 그 시대를 살아가는 사람들의 세계관을 '아우라'라는 시점에서 통찰했다.

그로부터 거의 1세기가 지나 아우라의 몰락 시대가 왔고, 예술 작품이나 그 작가도 단지 상품이 되었다. 화가, 음악가, 그리고 배우 등 예술가들은 아우라를 잃은 생산물로서 소비된다. 이제는 누구나 '작가auteur'가 될 수 있다. 'auteur'는

'진품'이나 '진정함'을 뜻하는 단어다. 현대에서 자비출판, 자작곡의 발표, 인터넷 투고 등이 그 한 가지 예다. 일반인이 진품을 뛰어넘는 작품을 만들어내고, 그 작품을 동시에 수많은 사람이 다른 장소에서 볼 수 있다. 이렇게 해서 우리는 진품 〈모나리자〉를 봐도 감동을 느끼지 못하게 된 것이다. 진품과 다르지 않은 복제품이 눈앞에 있는데 왜 굳이 시간과 체력을 소비해가며 진품을 체험하는 것일까?

다른 시점에서 루브르 박물관에 가는 의미는 남아 있다. 잃어버린 아우라를 통해 우리는 새로운 세계를 관찰하고 복제품을 주체적으로 감정할 수 있다. 아우라를 통해 예술 작품과 우리의 관계를 확인할 수 있다. 그것은 동시에 SNS 등의 기술로 간과하고 있는 것을 재확인하는 일이다. 근대 이전에도, 현대에도 예술은 체험하는 것이다. 단지 노스텔지어나 환상이라고 비판받을지도 모른다. 하지만 진짜 '아우라'를 만날 수 있다는 기대와 그 기쁨이야말로 인간에게 허용된 체험이다. 그렇기에 기꺼이 루브르 박물관으로 가서 '작고 먼' 곳에 걸린 진품을 만나야만 하는 것이다.

바타유 : 유용성

왜 스마트폰은
끊임없이 버전업되는가?

아무런 도움도 되지 않는 것은 가치 없는 비천한 것으로 간주
된다. 그러나 우리에게 도움이 되는 것은 수단에 지나지 않는
다. 유용성은 획득과 관련된다. 즉 제품의 증대나 제품을 제조
하는 수단의 증대에 관계한다.

《저주받은 몫》

스마트폰과 가전제품에는 새로운 기능이 추가된다. 본
래 기능이란 '사용하기 쉽게' 개선되기 마련이지만, 새로 추
가된 기능은 '사용할 수 없는' 것 천지다. 개선이라는 건 이름
뿐이고 신상품을 구입하게 하려는 기업의 술수가 아닐까. 그
런 현대에도 통하는 의문으로 '유용성'이라는 시점을 도입한
인물이 조르주 바타유다.

19세기는 유럽 여러 국가에 산업혁명이 확산된 때다. 이 움직임을 견인한 국가는 영국으로, 영국에서 기계화는 1760년대에 이루어졌다. 이어서 프랑스와 독일에서도 기계화가 본격화되었고 프로이센-프랑스 전쟁[1]이 끝난 후 자본주의 체제가 성립되었다. 이 움직임은 철학의 영역에도 파급된다. 마르크스(3 특별수업 참조)와 니체, 프로이트를 거쳐 철학자들도 근세 이후의 딱딱한 껍데기를 깨려 했다. 이는 철학의 새로운 차원이라고도 할 수 있다.

그 차원으로 나아가기 위해 꼭 필요한 것이 마르크스, 니체와 대치하는 일이었다. 이는 동시에 인간다움을 되찾는 일이기도 했다. 마르크스에 따르면, 자본이란 '잉여가치를 낳음으로써 자기 증식하는' 것이다. 인간은 이러한 '자본의 자기 증식 운동'에 저항할 수 없는 것일까? 이 흥미진진한 문제에 도전한 사람이 바타유다.

바타유에게 심취한 유명인으로 소설가 미시마 유키오[2]를 들 수 있다. 그는 자살로 생을 마감하기 전에 나눈 대담에서 현대 유럽 사상가 중 가장 친근감을 갖고 있는 사람이 바타유라고 술회했다. 바타유라는 사상가의 주제는 실로 기괴하다. 보통은 철학적이라고 할 수 없는 것이 마치 고구마 줄기처

---

1 1870~1871년 프로이센왕국과 프랑스제국이 벌인 전쟁이다.

2 미시마 유키오(三島由紀夫, 1925~1970) : 전후 일본 문학을 대표하는 탐미주의 작가로 허무주의나 이상심리를 다룬 작품을 많이 썼다. (옮긴이)

럼 줄줄이 등장한다. **금지와 침범, 성스러운 것, 에로스** 등이다.

　'자본의 자기 증식 운동'이 국가의 이데올로기로서 권장될 때도 있다. 그렇지만 이데올로기인 이상, 국민은 자유 선택을 하는 게 아니라 억압적인 속박을 받는다. 대표적인 예가 전쟁 전의 '낳아라, 늘려라'라는 지침이다. 인간을 기계처럼 취급하는 이 메시지를 시대착오적이라고 분개해서는 안 된다. 국가적 억압에서는 비껴 있지만, 변함없이 은근하게 '낳아라, 늘려라'라는 메시지는 우리를 둘러싸고 압박을 가한다. 이는 '자본'의 본질이다. 자본주의 체제에서는 제품을 계속 '버전업'해야만 한다.

　벤저민 프랭클린[3]의 '암퇘지의 비유'를 알고 있는가.

　'시간은 돈이다. 돈에는 번식력과 다산력이 있다. 돈이 돈을 낳는다. 이자가 이자를 낳고 나아가 그 이자가 이자를 계속 낳는 것이다. 한 마리의 암퇘지를 죽이는 자는 수천 마리의 새끼 돼지를 죽이는 것이다.'

　바타유도 이 비유를 인용했다. '암퇘지의 비유'는 자본주의의 본질을 적확하게 드러낸다.

　우리는 아무것도 생산하지 않는 부하나 상사를 '유능하다'고 할 수 있는가. 비생산적인 시간에서 가치를 찾아낼 수 있는가.

———

3　벤저민 프랭클린(Benjamin Franklin, 1706~1790): 18세기 미국의 정치가. 미국 독립선언 기초 위원 중 한 사람이다.

하지만 이 질문들에 대한 대답은 개개인의 신념에 좌우되는 것이 아니다. 자본주의에는 '비인칭적인 의지'가 있기 때문이다. **과연 인간은 자본주의에서 해방될 수 있을까.**

이것의 단서가 되는 시점이 '유용성'이다. 글 머리에 인용한 '유용성은 획득과 관련된다'는 말을 현대에 적용해보자. 잇달아 발표되는 신상품에는 반드시 유용한 기능이 있다. 예전 것과 똑같아서는 신상품이 될 수 없고 '쓸모없는 기능이 많습니다'라고 밝히면 그 상품을 팔 수 없다. 새로운 기능은 반드시 유용해야 한다. 그렇다면 왜 계속해서 새로운 기능을 추가하는 것일까. 그 기능들은 인간에게 유용한 것일까. 바타유는 '그렇지 않다'고 단언한다. '자본의 자기 증식 운동'에서는 주종이 역전된다.

'상품에 있어 인간이 유용'한 것이다. 주어는 인간이 아니라 상품이다. 그런 인간을 바타유는 '비참하다'고 표현한다.

> 인간이 유용성의 원칙 앞에서 굴복하면, 인간은 결국 빈곤해진다. 획득할 필요성, 이 탐욕이 인간의 목적이 된다. … 우울함과 잿빛 나날들이 눈앞에 펼쳐진다. 인간에게는 절멸의 힘이 주어진 것이다.
>
> 《저주받은 몫》

교육도 일도 저축도 모두 자본주의에 유용한 인간으로

만들기 위해 존재한다. '도움이 되는 인간이 돼라'는 말은 '자본의 자기 증식에 유용한 인간이 돼라'는 뜻이다. 벤저민 프랭클린의 암퇘지 비유를 수용해 바타유는 '번식력 있는 암퇘지를 죽이지 못하는 인간은 결국 수천 마리의 새끼 돼지에게 희생되어 멸망할 것이다'라고 주의를 촉구했다.

2.5

푸코 : 패놉티콘

24시간 감시 사회는 오는가?

가시적이란 수감자가 중앙부 탑에서 자신을 감시하는 '감시자의' 커다란 그림자를 늘 보고 있다는 뜻이다. 수감자는 확증이 없어 실제로 교도관이 자신을 응시하는지 아닌지 알 수 없다. 하지만 자신이 항상 감시당할 가능성이 있다는 사실을 확실히 인지해야 한다는 의미다.

《감시와 처벌》

코로나19 사태가 종식된 후에도 재택근무는 시행될 것이다. 하지만 직원의 생산성을 정확히 측정하는 방법을 비롯해 해결해야 할 과제는 잔뜩 쌓여 있다. 마인드 세트[1]의 벽도

---

1   경험, 교육, 선입관 등으로 형성되는 사고방식이나 심리 상태. (옮긴이)

있다. 집에서 일하기보다는 사람들에게 둘러싸여 작업할 때 더 효율적으로 성과를 내는 직원도 있다.

커피티비티[2] 같은 앱도 인기다. 여기에는 '사람들이 지켜보고 환경에서 집중이 잘된다'는 심리가 드러나 있다. 미셸 푸코의 '패놉티콘Panopticon'의 분석이 딱 들어맞는다.

무대는 18세기 크리차우[3]. 제러미 벤담[4]은 패놉티콘이라는 새로운 감옥을 구상했다. 이 공리주의 창시자는 공간을 재편성해 형벌 제도를 개혁하고 사회의 행복에 공헌하고자 했다.

패놉티콘은 원형 건물 한가운데가 비어 있고 그 안에 탑이 있다. 탑에 있는 감시관은 독방에 있는 죄수를 항상 감시하지만, 죄수는 탑에 있는 감시관을 확실히 볼 수 없다. 그 결과, 언제 감시당하는지 알 수 없기 때문에 죄수는 항상 감시당하고 있는 것처럼 바르게 행동해야만 한다. 모든 독방을 하루 종일 감시할 필요는 없기 때문에 몇 명의 감시관으로 운영할 수 있다. 이 구조는 사회에 악영향을 끼친 죄수의 개과천선으로 이어진다. 게다가 '누가 감시자를 감시할 것인가?'를 의식해 감시관을 감시하는 구조도 생각했다.

---

2   Coffitivity, 카페 안에 있는 것 같은 적당한 소음을 재현하는 BGM 애플리케이션.

3   현 벨라루스공화국의 도시.

4   제러미 벤담(Jeremy Bentham, 1748~1832): 18~19세기 영국의 철학자이자 법학자로, 공리주의를 체계화했다. '최대 다수의 최대 행복'이라는 슬로건으로 유명하다.

하지만 이 형태의 감옥은 실현되지 못했다. 벤담의 콘셉트는 실패작으로 끝났던 것이다.

그리고 시대가 바뀌어 1960년대. 프랑스에서 학생 반란이 연쇄적으로 일어났다. 대학교 교단에 섰던 미셸 푸코는 젊은이들의 불만을 이해했다. 프랑스 정부는 보수적인 윤리관에 얽매여 이상을 재고하려는 사람들의 자유를 제한했다. 특히 새로운 아이디어를 낼 수 있는 대학을 문제시했다. 푸코는 교육과 연구의 자유를 위해 투쟁했다. 또 굉장히 엄격했던 프랑스 형벌 제도의 개선을 도모했다. 그래서 벤담의 패놉티콘을 연구한 것이다.

패놉티콘 건물은 존재하지 않지만, 우리 사회는 패놉티콘 같은 구조로 이루어져 있다. 패놉티콘은 완벽한 비유다. 몇 세대를 거친 현재, 개개인의 인생은 세세하게 관리된다. 태어나서 죽을 때까지 모든 개인의 변화가 감시되고 기록된다. 건강 상태, 교육 상황, 경력, 범죄력은 데이터화되어 보관된다. 그래서 감시 사회는 독자적인 문화를 만들어낸다.

예를 들어 입시(학생 감시)와 학교 순위(교원 감시)를 빼놓을 수 없는 교육제도는 패놉티콘에 기초한다고 할 수 있다. 어떤 직장에서는 피트니스 트래커[5]를 이용해 사원들의 건강

---

5 fitness tracker, 신체 단련 및 운동 중 몸 상태 확인을 주목적으로 손목에 착용하는 웨어러블 디바이스. (옮긴이)

을 관리한다. 모르는 사이에 감시 사회의 사상이 실제로 행해지고 있는 것이다. 회사에서는 이러한 감시 체제가 생산성 향상이라는 이점으로 작용한다.

한편으로 감시 사회는 책임자(사죄하는 사람)만 생각하고 근본적인 문제 해결책을 간과한다. 물론 항상 감시당하고 있다는 느낌은 스트레스의 원인이 된다. 하지만 내면화된 패놉티콘 때문에 우리는 누군가에게 감시당하지 않으면 안정하지 못하고, 자신의 감시를 맡기는 심리 상태에 빠진다.

푸코의 감시론에는 오해가 따라다닌다. 우선 일반적으로 감시 사회의 사례로 조지 오웰[6]의 《1984》를 꼽는 경향이 있다. 소설의 광고 문구 '빅 브러더가 당신을 보고 있다Big brother is watching you'는 감시 사회 자체를 표상하는 것으로 보인다.

조지 오웰의 작품은 독재 사회를 묘사하고 있으며 푸코의 감시 사회는 민주주의 사회에도 존재한다. 폭력에 의지하지 않는 민주주의 사회야말로 오히려 증가하고 있는 인구를 조절하기 위해 감시의 기술을 이용한다. 푸코의 사상에 가까운 예술 작품으로 프랑스의 전후 교육제도와 소년 분류 심사원을 묘사한 프랑수아 트뤼포[7] 감독의 〈400번의 구타〉를 들 수 있다.

---

6 조지 오웰(George Orwell, 1903~1950): 영국의 소설가. 노르웨이 북 클럽이 2020년에 선출한 〈세계 최고의 문학 100〉에 《1984》가 포함되었다.

7 프랑수아 트뤼포(François Truffaut, 1932~1984): 프랑스 영화감독. 1950년대 후반 프랑스 영화계에 새로운 물결을 주도하며 일어난 영화 운동 누벨 바그를 대표하는 인물이다.

푸코도 인터넷 시대를 예상하지 못했던 건 사실이다. 하지만 SNS나 재택근무 등 현상의 진상을 꿰뚫어보는 데는 푸코의 감시론이 적합할 것이다. 인터넷의 위력으로 그 어떤 때보다 민중이 정치가나 권력자를 비판해, SNS상의 비판으로 정치가를 사퇴하게 한 사례도 있다. 이러한 경우는 일종의 역패놉티콘이라고 할 수 있다.

경계 문제는 왜 어려울까?

모든 사물은 결국 기호의 자의성이라는 근본적 원리에 다다르게 된다. 차이에 의해서만 기호에 기능과 가치를 부여할 수 있다.

《일반언어학 강의》

소쉬르의 시점 가운데 하나인 '가치'를 앞서 소개했다.(1.2 참조) '가치'에는 우열이 없고 의미의 깊이가 있을 뿐이고, 어떤 가치관에나 의미는 있지만 깊이가 다르며, 그 깊이는 서로 이웃하는 가치관의 관계에 따라 결정된다고 설명했다.

여기서 의문이 생긴다. 이웃하는 것끼리의 경계는 어떻게 획정된 것일까?

소쉬르는 이에 '자의성'이라고 답한다. '자의성'은 그다지 친숙한 용어는 아니다. 프랑스어 'arbitraire'를 번역한 것으로 사전에는 '자유의지에 의한' 또는 '독단적인' 등의 의미로 나와 있다. 하지만 소쉬르는 이 단어를 어느 쪽 의미로도 사용하지 않았다. 그래서 오해를 피하기 위해 약간 난해한 '자의성'이라는 말을 선택했다. 소쉬르가 해석하는 **'자의성'은 '비자연적이고 동기가 없다'**는 뜻이다.

국경을 예로 들어보자. 당연하지만 자연히 '경계' 같은 건 없다. 지구는 둥글고 땅도 바다도 하늘과 마찬가지로 끝없이 이어져 있다. 하지만 땅과 바다에는 국경이 있다. 이것은 인위적인 상황이다. 만약 국경이 없다면 애초에 자연적으로는 갖춰지지 않는 '국가'라는 것을 정할 수 없다. 그리고 자연 속에 국경을 정하는 정당한 이유 같은 건 없다. 이렇듯 '자의성'은 비자연적이고 정당하지 않은 것을 의미한다.

또 한 가지, '무지개는 무슨 색일까?'라는 질문도 좋은 사례다. '노랑, 연두, 초록'까지 구별하는 문화도 있는가 하면 '빨강과 검정', 두 가지 색뿐이라고 여기는 문화도 있다. 무지개는 원래 일곱 가지 색으로 구성된 것이 아니다. 어쩌다 보니 각각의 문화가 각각의 시각으로 무지개색에 경계를 만든 것이다. 이와 같은 원리가 언어의 세계에도 존재한다.

언어가 탄생하기 이전의 세계를 상상해본 적이 있는가? 언어화할 수 없는 세계는 어떤 의미로 혼탁한 것이리라. 봐야 할 것이 없는 세계, 혹은 확실히 '이것'이라고 확정할 수 없는 세계. 그렇다면 세계는 어떻게 해야 분명해질까? 그것이 '데쿠파주découpage'다.

이 프랑스 용어에는 '오려내기'라는 의미와 '배경에서 도드라지게 한다'는 의미가 있다. 혼돈 상태인 세계에 '잘린 자국'을 낸다. 그것은 **봐야 할 것을 명확히 해나가는 작업이다.** 이렇게 해서 필요에 따라 다양한 논항이 생겨나고 이름 붙여진다. 물론 '오려내기' 작업으로 부각된 논항은 다양한 논항과 서로 접하고 있다. 이렇게 생성되는 것이 '가치'다. 이러한 작업을 통해 언어가 탄생한다.

소쉬르는 이를 '**실제로 정해진 개념은 어디에도 없으며 개념과 별개로 결정된 청각 기호도 없다. 차이가 서로 의존하는 덕택에 … 언뜻 실정적인 논항과 비슷한 것을 얻는다**'(《일반언어학 강의》)라고 결론 짓는다.

국경과 마찬가지로 이 경계를 짓는 작업은 완전히 '자의적'이다. 눈이 많이 오는 지방에서는 눈의 명칭이 다양하지만, 눈이 잘 내리지 않는 지역에서는 '눈'이라는 한 글자로 충분하다. '자의적인 절취'는 들에 피어 있는 꽃을 꺾어 학문적으로 분석하고 이름을 붙이는 작업과 비슷하다. 다만 피어 있기만 한 꽃은 인간에게 카오스나 다름없다. 이름을 부여함으로써 질서가 바로 서고 비로소 꽃은 의미를 갖는다. 하지만 그것은 자연스럽지 않은 작업이다. 이름이 있든 없든 그 꽃은 아무것도 달라지지 않는다. 달라지는 것은 우리의 세계관이다. '왜 코스모스여야 하는가'를 설명할 정당한 이유는 없다.

　'자의성'이라는 말에 따라다니는 오해는 앞서 언급한 대로다. '저 좋을 대로' 이해하면 비극적인 결말로 이어진다. 언어의 경계를 개인적인 야심에 맡기면 언어의 세계는 붕괴된다. 이에 소쉬르는 '자의성'에 대해 주의를 환기한다.

> 어떠한 기호도 그것이 나타내는 개념과의 관계는 자의적이고 자유롭게 선택된 듯하며 다른 것으로 대체할 수 있다. 하지만 기호를 사용하는 인간 사회에서는 기호를 자유롭게 선택할 수 없고 강요되는 것이며 다른 것으로 대체할 수 없다.
>
> 《일반언어학 강의》

　원리적으로는 자의적이라도 이미 완성된 시스템이 있는 이상 각 항목은 필연적인 것으로 강요된다. 분명 언어는 변화한다. 같은 뜻을 지닌 고어와 현대어는 언어 형태뿐 아니라 의미의 깊이도 다르다. 하지만 이 변화는 역사적인 시간을 요한다. **언어를 습득하는 것은 하나의 세계관을 강요당하는 일이다.** 즉 '자의적'이란 '사회적'이기도 하며 '필연적'이기도 하다.

들뢰즈 : 차이

모두 달라서, 좋은가 나쁜가?

> 차이를 생성하는 것은 다른 것과의 사이에 차이를 만드는 것
> 이 아니라 그 자신과의 사이에 차이를 만든다.
>
> 《**차이와 구별**Différence et Différenciation》

'모두 달라서, 모두 좋아'. 동요 시인 가네코 미스즈의 시
〈나와 작은 새와 방울과〉는 이렇게 끝맺는다.

지속 가능 개발 목표의 시대에 다양한 개성과 가치가 인
정받을 것이다. 한편으로 《모두 달라서, 모두 안 돼みんなちがっ
て、みんなダメ》[1]라는 흥미로운 책이 인기를 끌고 있다. 다양성
을 승인해달라는 요청은 도를 넘으면 많은 사람을 혼란스럽

---

1   나카타 고(中田考)의 2018년 베스트셀러. (옮긴이)

게 할 것이다. '모두 달라서 모두 좋은 걸까? 나쁜 걸까?' 이를 들뢰즈의 '차이' 시점에서 검토해보자.

질 들뢰즈는 미셸 푸코, 자크 데리다와 함께 20세기를 대표하는 철학자다. 그의 작품은 크게 세 가지 장르로 나뉜다. 우선 《니체와 철학》《베르그송의 철학》 등 철학사적 연구다. 물론 단순한 연구에 그치지 않고 더 나은 방향으로 개선해 들뢰즈 자신의 철학으로 승화했다. 이어 마르셀 프루스트[2], 루이스 캐럴[3]을 소재로 한 문학·예술론이며, 마지막으로는 《안티 오이디푸스》와 《천 개의 고원》으로 대표되는 펠릭스 가타리[4]와의 공저작이다.

'항상 새로운 개념을 창조하는 것, 그것이 철학의 목적이다. … 자신의 여러 개념을 창조하지 못했다는 말을 들어도 어쩔 수 없는 철학자에게 대체 어떤 가치가 있는가'(《철학이란 무엇인가》)라는 선언대로 들뢰즈는 평생 끊임없이 개념을 창조했다.

'차이'의 시점은 베르그송에게 이어받았다. 베르그송에게도 다양한 특수 개념이 있는데, 그중에서 들뢰즈는 '지속'을 단서로 해서 '차이'를 규명해나갔다. '동일한 상태가 오래

---

2   마르셀 프루스트(Marcel Proust, 1871~1922): 프랑스의 소설가로, 대표작품으로 《잃어버린 시간을 찾아서》가 있다.

3   루이스 캐럴(Lewis Carroll, 1832~1898): 영국의 수학자이자 작가. 《이상한 나라의 앨리스》 저자로 잘 알려져 있다.

4   펠릭스 가타리(Félix Guattari, 1930~1992): 프랑스의 정신분석가.

계속되는 것'이 '지속'의 사전적인 의미다. 하지만 이 '동일성'에 그들은 이의를 주장한다.

> 지속이란 자기에 대해 차이를 만들어내는 것이다. 물질은 이와 반대로 자기에 대해 차이를 만들지 않고 반복되는 것이다.
>
> **《차이와 구별》**

'물질', '공간'을 대체할 수 있는 것이 '지속', '시간'이다. 이때 공간이라는 개념에서 유의해야 할 점이 있다. 그것은 '공간'의 본성이 등질等質하다는 사실이다. 가령 시계를 살펴보면 원이 12개로 균등하게 분할되어 있다. 이것이 공간화다. 일정표처럼 하루를 균등하게 세로로 나눠 구별하는 것도 '시간'의 공간화다.

한편 본래 '시간'에는 등질성이 없다. 양으로 측정하지 못하고 한순간 한순간이 질적으로 다르다. 그리고 '차이'는 지속과 시간 쪽에 배치된다. 같은 파도가 두 번 밀려오지 않듯 같은 시간이 반복되는 일은 없다. 하지만 종종 우리는 '동일성'을 우선하고 동일성을 전제로 해서 차이를 이해하는 경향이 있다. 본래는 반대다. **무수한 차이가 있으며 그 사이에 어쩌다 동일한 것이 생겨날 뿐이다.**

동일성은 처음부터 존재하지 않는다는 것, 동일성은 이차적인 원리로서 존재한다는 것, 요컨대 동일성은 '다른 것'의 주위를 돌고 있다는 사실이, 차이가 본래 지닌 개념의 가능성을 연다.

《차이와 반복》

차이에는 두 종류가 있다. 내적 차이와 외적 차이이다. 외적 차이도 정도 차이와 종류 차이로 나눌 수 있다. 이들은 균등하게 분할된 '동일성'을 기준으로 한다. 일상에서 지속 가능 개발 목표로 내걸고 있는 성이나 교육 등의 '격차'에서도 우리가 눈으로 보는 '차이'는 바깥측에 있다. 하지만 가시화된 차이만 고찰하면 사물의 겉모습을 만지작거릴 뿐이다. 눈에 보이지 않는 차이에 주목해야 한다. **'동일성에 대한 차이의 종속과 상이에 대한 차이의 종속은, 같은 운동 속에서 뒤집혀야 한다'**(《차이와 반복》)는 것이다.

이때 내적 차이가 요구된다. **'지속이란 차이화를 뜻한다'**고 들뢰즈는 정의한다. 이것을 '과거', '현재', '미래'로 설명해보자. '현재'는 지금 존재하는 동시에 지나가는 것이다. 따라서 '현재'는 과거와 미래를 나누는 선에 지나지 않는다. '과거'는 그러한 현재를 '가능성'으로서 기억한다. 그리고 '미래'는 과거의 자신이 '차이화'되면서 만들어진다.

이때 들뢰즈는 '가능성'과 '잠재성'의 혼동에 주의할 것을 환기한다. '가능성'은 이미 일어난 일로서 성립한 것이며, 그 사실로부터 뒤집어 생각해보면 마치 예전부터 존재하는 것처럼 날조된 것이다. 따라서 계산이 선다. 한편 '잠재성'은 규정되지 않은 상태다. **확정되지 않은 것을 자신에게 끌어들여 자신에 대해 차이를 가져옴으로써 자신을 분화한다. 이것이 가능성의 힘이** 다. 이 일은 결코 예측할 수 없으며 우연히 생긴다.

'모두 달라서, 모두 좋은' 걸까, '모두 달라서, 모두 안 되는' 걸까? **'차이는 인간과 함께, 또는 인간과 함께일 때만 의식적인 것이 되며 자기의식으로 구현된다.'**(《차이와 구별》) 그러면 이 문제는 '우리의 미래를 아이덴티티(동일성)나 잠재성 중 어느 쪽에 걸 것인가?'로 귀착될 것이다.

얼굴 없이
커뮤니케이션할 수 있을까?

'타자'는 내가 죽이는 것을 바랄 수 있는 단 하나의 존재다.

《전체성과 무한》

    타인을 연기하는 가장 쉽고 편한 방법은 무엇일까? '가면'이다. 얼굴을 바꾸면 되는 것이다. 하지만 과연 우리는 타인의 얼굴로 살아갈 수 있을까? 일본의 작가 아베 고보安部公房는 자신의 책 《타인의 얼굴》에서 이 주제에 도전했다. 주인공 '나'는 사고로 얼굴에 심한 상처를 입어, 평범한 생활을 하려면 가면을 쓰는 것 외에 별다른 방법이 없다. 그리고 '타인의 얼굴'로 살아가는 일은 상상 이상으로 순조로웠다. 하지만 결국 타인과 자신을 구별할 수 없게 된다. 만약 '나'가 레비나스의 '타자의 얼굴' 시점을 갖고 있었다면 결말이 달라졌을까.

에마뉘엘 레비나스는 특별하고 비범한 철학자다. 그의 철학은 예사롭지 않은 그의 체험을 빼고는 성립되지 않는다. 그는 러시아제국의 영토였던 리투아니아에서 태어났다. 이곳에는 수많은 유대인이 거주하고 있었으며 레비나스도 그중 한 사람이었다. 리투아니아가 독립한 후 레비나스는 프랑스의 스트라스부르대학에 진학한다. 러시아어도 독일어도 능숙했던 그는 제2차 세계대전에서 프랑스군의 통역을 맡았다가 포로가 되었다. 유대인이기는 했지만 그는 프랑스군의 병사였고 전쟁 포로를 보호하는 것은 군의 의무였으므로 레비나스는 생존자로서 종전을 맞이했다. 하지만 리투아니아에 있던 그의 부모와 두 남동생은 홀로코스트에 희생되고 말았다.

레비나스의 철학에는 '일리야'라는 주요 개념이 있다. 프랑스어로 'ilya'인데, 영어로는 'there is', 'there are'와 마찬가지로 '~이 있다'를 의미한다. 문법적으로 'ilya'는 비인칭 구문이라는 용법이다. 다시 말해 인칭이 없다. 즉 '일리야'란 **비인칭'이 '있는'** 상태를 가리킨다. 이것은 유대인인 레비나스의 체험에서 비롯된 용어다. 자신에게 중요한 모든 것이 없어져도 세상은 아무 일도 없었던 듯 계속 존재한다. 이 냉엄한 사실을 홀로코스트에서 통감했던 것이다.

개개인의 대상 전부가 존재하지 않더라도 이 공허함 자체는 있다(일리야). … 이 존재(일리야)는 모든 부정의 이면을 빠져 나가서 … 손가락 하나도 닿지 않고 회귀한다.

《전체성과 무한》

'일리야'란 '내가 살아가는 근거'에 자리 잡은 절망적인 공허이며, 무한으로 계속되는 침묵의 어둠이다. 우리는 '일리야'에서 도망칠 수도 그것을 부정할 수도 없다. '일리야'에 대해 '자기'는 무력하다. 그럼에도 '우리는 왜 살아가는가'. 그 열쇠가 되는 것이 '타자의 얼굴'이다.

표출이라는 형태로 스스로를 관철하는 존재(타자의 얼굴)는 나의 자유를 제한하는 게 아니라 증진시킨다. 내 안에 선한 마음을 만들어냄으로써 나의 자유를 증진시키는 것이다. … 그 결과, 존재의 냉혹한 무게에서 나의 자유가 부상한다.

《전체성과 무한》

우리는 눈앞에 마주한 '타자의 얼굴'에서 무엇을 알아낼 수 있을까. 얼굴은 기쁨과 슬픔, 즐거움 등 다양한 표정을 드러낸다. 이들 표정은 '같이 놀자', '가까이 오지 마', '도와줘' 등 여러 메시지를 전하기도 한다. 그리고 이들 모두의 근원에 하나의 메시지가 있다고 레비나스는 간파하고 있다. '나를 죽여서는 안 된다'다. 이는 '나를 살려줘'라고 바꿔 말할 수 있다. 그리고 이 메시지가 그대로 '우리는 왜 살아가는가?'에 대한 대답이 될 것이다. 눈앞 '타자의 얼굴'은 '나의 얼굴'이다. '타자는 내가 죽이는 것을 바랄 수 있는 단 하나의 존재'이지만 '타자의 얼굴'이 그에 저항한다. 죽일 수 있는데 죽이지 않는다. 이것이 생존의 근원이다.

> '타자'의 '저항'은 내게 폭력을 가하지도 부정적으로 작용하지도 않는다. '타자'의 '저항'에는 … 윤리라는 적극적인 구조가 있다.
>
> 《전체성과 무한》

'나를 죽여서는 안 된다'라는 '타자의 얼굴'이 주는 메시지를 배제하는 것은 '나' 자신의 메시지까지 무력화한다. '나를 살려줘'라는 타자의 메시지를 받아들이는 존재도 '나'이고 '나를 살려줘' 하고 타자에게 전하는 존재도 '나'다. '얼굴'을 통해 비로소 '일리야'의 절대적 고독에서 벗어날 수 있다.

우리가 죽일 수 있는 가까운 타자로서 떠올릴 수 있는 건 무엇일까. '아이들'은 어떤가? '우리를 살려줘'라고 하는 아이들의 얼굴에 우리가 살아가는 근거가 있다. 레비나스의 타자론은 '자기'뿐 아니라 '미래'도 추구한다.

원서에서 레비나스는 '타자'를 구분해 사용한다. '타자(대문자로 시작하는 Autre)'와 '타인(대문자로 시작하는 Autrui)'이 대표적인 예다. '타인'이 구체적이고 개별적인 누군가를 지칭하는 데 반해 '타자'는 이해 불가능한 온갖 것을 가리킨다.

역사와 자유

철학사를 말할 때 빼놓을 수 없는 인물은 누구일까. 다섯 명으로 좁혀보자. 고대는 소크라테스, 근세는 데카르트, 근대는 칸트와 헤겔, 그리고 니체 정도가 될 것이다. 독자로서 젊은 철학자를 떠올리자면 사르트르도 더하고 싶다. 그중 헤겔이 본 미래는 '역사와 자유'에 의해 다다른다.

국사나 세계사 과목을 어려워하는 고등학생이 적지 않을 것이다. 연표와 인물을 끊임없이 암기하고 날마다 직면하는 문제와는 관계없는 낯선 용어투성이다. 학교 선생님들은 '과거의 실패를 금방 잊어버리고 교훈으로 삼지 못하는 사람은 반드시 같은 실수를 반복하는 운명에 놓인다'고 설득하곤 하지만 과연 얼마나 효과가 있을까. 역사 공부의 진짜 목적은 무엇일까? 헤겔은 역사 공부는 진짜 자유를 알기 위한 방법이라고 꿰뚫어보았다.

'철학의 목표는 보편성의 진실을 탐구하는 일이다'라는 선입관을 가진 사람이 많을 것이다.

'존재, 그리고 인간성이란 무엇인가?'

'인간은 왜 태어나는가?'

'왜 죽는가?'

'선과 악을 객관적으로 구별하는 방법이 있을까?'

'진짜 현실을 아는 방법이 있을까?'

이러한 진실을 추구하기 위해 역사나 문화, 사회를 분석할 필요는 없을지 모른다. 합리적으로 설명할 수 없는 역사나 사회 변화는 진실에서 멀어질 염려가 있기 때문이다. 하지만 헤겔은 앞선 철학자 이마누엘 칸트와 달리, **인간과 세계의 관계는 시대에 따라 변화한다**고 생각했다. 그리고 이것이야말로 '자유'를 향한 열쇠가 되리라고 확신했다. 그의 말에 따르면 자유롭기 위해서는 기존 사회 구성을 고찰하고 각각의 실패에서 교훈을 얻고 배워야 한다.

> 세계사란 자유 의식이 앞으로 나아가는 과정이며 우리는 그 과정의 필연성을 인식해야 한다.
>
> 《역사철학 강의》

헤겔은 고찰 방법으로 교과서에 등장하는 문명을 '자유'의 시점에서 재고했다. 고대 그리스 민주주의를 예로 들 수 있다. 이는 당시 많은 사람에게 조명받았지만 노예제도 없이는 사회가 성립하지 않았던 시대의 자유는 진정한 의미에서의 자유가 아니었다고 할 수 있다. 로마제국도 시민의 '자유'를 인정했다. 하지만 그것도 표면적이며 실제로는 상당히 제한되었고 노예제도 문제가 여전히 남아 있었다. 프랑스혁명에서는 모든 시민의 '자유'를 호소했으나 계몽사상을 타협하지 않고 사회에 적용하려 함으로써 공포정치에 이르렀다. 결국 헤겔은 프로이센왕국을 가장 우수한 사회로 보았다. 그곳을 '자유'를 실현할 수 있는 이상적인 환경으로 본 것이다. 그리고 이 국가로 역사가 끝날 것이라고 고찰했다.

그런데 정말로 프로이센왕국은 이상적이었을까? 그리고 프로이센왕국은 정말로 역사의 마지막이라고 할 수 있을까?

현대의 민주주의 사회는 여전히 미완성이지만 프로이센왕국보다는 우리에게 더 '자유'를 줄 것이다. 그뿐 아니라 프로이센왕국에는 남존여비 사상이 뿌리 깊게 남아 있었다. 이 사실을 생각하기만 해도 헤겔의 결론은 쉽게 부정된다. 또 그는 인도나 중국을 더 이상 발전할 수 없는 사회라고 보는, 당시로서는 전형적인 오리엔탈리즘에 빠져 있었다. 헤겔은 애국심에 맹목적이었다고도 할 수 있다. 그는 1831년에 사망했으므로, 인간의 잔학성을 증명한 세계대전을 경험하지 못하고 역사의 실패가 축적되었다는 사실도 알지 못한다.

하지만 프로이센왕국에 대한 찬미를 빼면 《정신현상학》에서 드러난 그의 시점이 옳다고 인정해야 하지 않을까. 헤겔은 역사 속에서도, 일상에서도 의식이 자신과 세계를 이해하는 데 사람들과의 충돌이 필요 불가결하다고 지적했다.

사람(의식)은 세계와 자신을 이해하기 위해 타자(다른 의식)가 필요하다.

20세기의 명작 《어린 왕자》의 주인공은 아무도 살지 않는 별에서 태어났다. 그래서 자신을 이해하기 위해 타자(다른 의식)를 만나려고 여행을 떠난다. 타자는 자신(의식)을 보는 거울이 되어 있다. 두 의식이 만나면 서로 부딪치는 일도 있을 것이다. 나는 주체이지만 상대는 자신을 이해하기 위한 객체이며, 상대에게는 내가 상대의 객체인 것이다. 여기서 세상의 진정한 이해가 시작된다.

인류의 본성이란 어디까지나 다른 사람들과 일치하기를 추구하는 것이며, 이 본성이 현실에 존재하는 것은 단지 의식 사이의 공동성이 초래되는 경우에 한하기 때문이다.

《정신현상학》

개인이든 사회든 의식의 해방감은 타자와의 충돌로 생겨난다. 게다가 그곳에서 평등한 관계가 형성된다. 이렇게 해서 진정한 자유가 이해되는 것이다. 고대 그리스의 노예제도처럼 타자와 불평등한 관계가 성립되면 의식은 주체와 만나지 못한다. 그리고 불완전한 인간관계와 불완전한 사회제도가 탄생한다.

헤겔의 관점에는 프로이센왕국에 대해 약간 잘못된 인식이 있었지만 자기의식, 역사의 흐름, 타자와의 관계에 대한 통찰은 현대에서도 충분히 통용된다. 그에게 있어 철학은 시대정신에서 떼어놓을 수 없는 것이었다.

요즘 시대에 헤겔을 읽는 사람이 얼마나 될까? 그러나 최근 여러 해 사이에 헤겔은 다시 주목받고 있다. 앞으로는 테크놀로지에 의해 인간의 정의, 타자와의 관계가 변화할 것으로 예상된다. 일론 머스크가 공동 창업한 뉴럴링크 사Neuralink Corporation에서는 두뇌 컴퓨터 인터페이스brain-machine interface를 뇌에 이식하는 방법을 연구하고 있다. 이 방법이 실현된다면 현실과 타자와의 관계가 크게 변화하고 자기의식의 존재까지 의심할 가능성이 대두될 것이다. 그때야말로 헤겔의 본격적인 르네상스가 일어날지도 모른다.

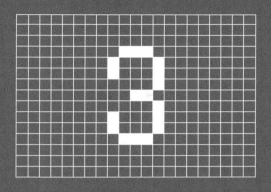

세 번째 수업

◆

탐구의 시점

문제는 좁혀졌다.
하지만 그 문제가 안고 있는 진상을 파악하지 못하고 있다.

근본적인 문제에 접근해 그 문제를 자신의 것으로 만들고
동료와 공유하는 데 도움이 되는 시점.

카뮈 : 반항

왜 권위는 수상쩍은가?

> 부조리의 경험 속에서 내게 주어진 최초이자 유일한 증명은 반항이다. … 반항은 부당하고 이해할 수 없는 조건 앞 부조리한 상황에서 일어난다. … 반항이 추구하는 것은 변형시키는 데 있다. 변형시키는 것은 행동하는 일이다.
>
> 《반항하는 인간》

아무리 생각해도 잘못된 일이 버젓이 활개를 친다. 그러나 모두 모르는 척하고 있다. 그것을 개선하려고 하면 절대 권력이 가로막는다. 권력은 인물일 수도 있고 불문율일 수도 있다. 이럴 때야말로 "반항하라!"고 말한 사람이 알베르 카뮈다.

프랑스에서 제2차 세계대전이 절정으로 치달은 시기는 나치 독일이 프랑스를 점령하기 시작한 때부터 파리가 해방되기까지 4년간일 것이다. 여기서는 국가가 아닌 인간으로 시점을 옮겨보자. 프랑스에서는 나치라는 압도적인 폭력에 대해 두 가지 행동 양상이 나타났다.

콜라보라시옹(collaboration, 협력 행위)과 레지스탕스(résistance, 저항운동)다.

콜라보라시옹은 프랑스어 'collaborer(협력하다)'가 의미하듯 나치에 협력하는 무리다. 디자이너 코코 샤넬도 그중 한 명이었다. 반면 레지스탕스는 'résister(저항하다)'가 의미하듯 나치에 끝까지 저항한 무리다. 카뮈도 레지스탕스였다.

콜라보라시옹인가, 아니면 목숨을 건 저항인가. 이 선택은 그리 간단하지 않다. 세 번째 선택지가 존재하기 때문이다. 저항도 협력도 하지 않았던 사람들이다. 아쉽게도 카뮈의 시대에 이 입장을 택한 사람이 대다수였다. 이유는 가지각색이지만 '무사안일주의'는 위기에서도 많은 사람을 지배하는 듯하다. 그리고 파리 해방을 맞이하자 협력자들collaborateur은 폭행이나 살해를 당했다.

그렇다면 누가 이들을 폭행하고 살해한 것일까? 적극적인 레지스탕스는 인구의 3퍼센트도 채 되지 않았다. 그렇다면 이 '누가?'라는 의문에 대한 답은 금방 추측할 수 있을 것이다.

카뮈는 한 사람의 '레지스탕스'로서 인간의 패덕에 계속 저항했다. 카뮈는 가장 잔혹한 죄를 저지른 나치 협력자에게만 '용서하지는 않지만 미워하지도 않는' 재판을 할 것을 요구했다.

이것이 카뮈가 전수하는 '반항'의 시점이다. '반항'이란 확실히 위험하다. 오해도 생기기 쉽다. 그러나 여기서 말하는 반항의 시점은 무법outlaw을 상징하는 것이 아니다. 반항은 출생이나 환경에 좌우되는 것이 아니다. 누구에게나 허용된다.

카뮈의 유명한 소설 《페스트》를 참조해보자. 이 소설에서 반항하는 자로서 살아가는 사람은 주인공인 리외와 절친한 친구 타루다. 그 밖에도 말단 공무원 그랑이 있다. 그들은 대대적인 개혁 같은 것을 추구하지 않는다. '그저 할 수 있는 일'을 할 뿐이다. 반면 권위자로 대표되는 리샤르 등은 자신들의 입장을 이유로 행동에 나서지 않는다. '반항은 부조리한 상황에서 일어난다. 반항이 추구하는 것은 변형하는 데 있다. 변형하는 것은 행동하는 일이다'라고 카뮈는 우리를 고무시킨다.

부조리를 피해 갈 사람은 없다. 하지만 누구에게나 행동은 허용된다. 파괴하지 않아도 좋다. 단지 변형하면 된다.

카뮈식 반항은 일반적인 반항과는 구별된다. 제임스 딘[1]이 출연한 영화 〈이유 없는 반항〉에서 주인공 짐 스타크는 자신의 에너지를 주체하지 못해 '불량 청소년'으로 불리는 반항아다. 카뮈의 반항은 '불량소년'과 겹치는 면도 있지만 전혀

---

1   제임스 딘(James Dean, 1391~1955): 미국의 전설적인 배우. 〈에덴의 동쪽〉에서 주연을 맡아 아카데미상 남우주연상에 노미네이트되면서 명성을 얻었다. 그러나 1955년 자동차 사고로 24세에 요절했다.

다른 면도 있다. 권위에 대한 거부와 상사 또는 교사에 대한 불손한 태도는 공통된 부분일 것이다. 그러나 카뮈의 반항은 개인적 분노가 아니라 사회의 부조리를 향한 공분에서 표출된 것이다. 반항은 '도피'라고 비난받기도 하지만 카뮈의 반항은 그와는 정반대다. '세상의 부조리를 외면하지 않는' 사고가 반항의 시점이 된다. 부조리에 대한 분노는 우리에게 반항을 촉구한다.

카뮈는 "부조리란 본래 모순이다"라고 말한다. 권위에 사로잡히면 권위의 시점으로만 세상을 보게 된다. 모순을 고수하는 죄수가 되고 만다. 따라서 반항하는 것이다. 그리고 반항의 시점을 지닌 사람들은 반드시 끈끈한 친구가 된다. '나는 반항한다, 그러므로 존재한다.'

3.2

푸코 : 에피스테메

아이디어는 어디서 생겨나는가?

과학 분야 간이나 다양한 과학 영역에서 언설 사이에 있는 모든 관련 현상이 어떤 시대의 '에피스테메'라고 부르는 것을 구축한다.

《말과 글Dits et Écrits》 중 '문화에 관한 문제들: 푸코와 프리티의 토의'

정보를 전하는 방법이 발로 뛰는 것뿐이던 시대에 '1초 후면 전 세계에 정보가 전달된다'고 말했다면, 분명 머리가 어떻게 된 거라고 여겼을 것이다. 우리의 사고력도 지력도 그다지 자유롭지는 않다. 사고력이나 지력은 시대의 '에피스테메episteme'에 지배되고 있다고 꿰뚫어본 사람이 푸코였다.

'에피스테메'란 시대가 규정하는 지식의 틀을 가리킨다. 한 가지 사례를 들어보자. 테슬라의 CEO 일론 머스크가 인터뷰에서 "우리는 컴퓨터 시뮬레이션 속에서 살아갈 가능성이 매우 큽니다"라고 대답했다. 테크놀로지의 발달로 개개인의 일상생활을 컴퓨터에서 완전히 재현할 수 있게 될 날이 머지않았다. 그것은 우리가 컴퓨터 속에서 살아간다는 것을 의미한다. 이는 놀랄 만한 발언이다. 우선 발언의 주체가 세계적인 기업의 최고 경영자라는 점에서 그렇다. 그리고 영화〈매트릭스〉와 같은 세상이 현실에서 일어날 수 있다고 발언한 점 때문이다. 게다가 이 발언에 대해 어느 누구도 머리가 이상하다고 생각하지 않았다. 만약 50년 전에 대기업 사장이 같은 말을 했다면 회사에서 사임을 종용했을 수도 있고, 경우에 따라서는 강제로 입원시켰을지도 모른다.[1]

우리는 아무런 속박 없이 사물을 보고 사물을 알고 사물을 상상할 수 있을까? '자유로운 상상'이라는 흔한 구호가 있지만 정말로 그럴까? 푸코는 우리의 사고방식과 상상력이 시대나 문화에 의해 제한된다는 사실을 간파했다. 새로운 기술의 발명, SF 문학은 현실의 본질을 재고하기 위한 새로운 방법이 되기도 한다. 100년 전이라면 일론 머스크는 그 발언 때문에 '정신병자'로 몰렸을지도 모른다. 하지만 지금은 누구나 수긍하며 고개를 끄덕일 것이다. '에피스테메'로 세상을 보는 것은

---

1   일론 머스크는 옥스퍼드대학교 교수이자 미래학자 니클라스 보스트룀(Niklas Boström)의 시뮬레이션 가설도 참고했을 것이다.

'시대와 지식'의 관계, 그리고 '시대와 지식'에 속박된 문제를 꿰뚫어보는 일이다.

푸코의 에피스테메를 소개할 때는 반드시 토머스 쿤[2]의 '패러다임 시프트'와 비교된다. 현재 비즈니스업계를 포함해 다양한 분야에서 인용되는 토머스 쿤의 이론은 본래 과학 변화의 메커니즘만을 이해하기 위한 것이었다. 쿤도 푸코도 지식이 합리적으로 하나의 목표에 이르기 위한 상식을 다시 고찰했다. 쿤은 지식이 일정한 어느 시대의 패러다임 안에서만 생각할 수 있는 것이라고 주장했다. 그러나 푸코의 혜안은 과학을 넘어섰다. 푸코는 시대와 지식, 시대와 사상의 관계에서 새로운 사고방식이 받아들여지거나 비판받는 이유를 분석했다.

'에피스테메'는 인문사회계의 연구에서도 빈번히 인용된다. 시대와 함께 변화하는 '인간'의 개념, 이를테면 LGBTQ[3] 커뮤니티에 대한 차별을 이해하기 위해서도 '에피스테메'는 중요한 도구가 된다.

푸코의 에피스테메에서는 두 가지 중요한 시점을 얻을 수 있다. 바로 '**시대와 지식**'이다. 우선 시대를 살펴보자. 역사는 지식이나 발명을 축적하는 과정이 아니다. 다음으로 지식을 생각해보면, 학문은 여러 분야를 포괄하고 횡단적으로 행하

---

2   토머스 쿤(Thomas Kuhn, 1922~1996): 20세기 미국을 대표하는 철학자이자 과학자.

3   최근 더해진 Q는 퀴어(Queer), 혹은 성 정체성이 확실하지 않은 상태의 사람(Questioner)을 가리킨다.

는 것이 좋다. 문화, 인문 장르에 속하는 SF 소설 등도 '에피스테메'의 중요한 요소다. 물론 서브컬처도 마찬가지다. 생물학, 의학 영역과 연관된 클로닝[4]이나 인공 냉동 기술, 경제 분야에서는 새로운 통화通貨도 한 가지 요소다. 이들 요소가 시대의 에피스테메를 구성한다. **'시대와 지식'을 관찰하는 일은 문제 해결의 토대를 획득하는 일이다.**

우리에게 다가온 최대 과제는 '새로운 시대의 인간이란 무엇인가?'라는 물음이다. 시대와 사회 환경에 따라 인간에 대한 사고방식은 변화한다. 즉 '인간의 정의'는 유동적이다. 오히려 인간이 존재하지 않은 시대도 있었다. 또 **'인간'은 사실 근대의 산물이라 보는 시각도 있다.** 그것은 시대에 규정되는 지식의 틀인 에피스테메의 역사적 변용으로 변화한다. 그렇다면 앞으로는 인간이 사라질 가능성도 있지 않을까. (6.3 인간) 편에서 이어집니다.

---

4   cloning, 하나의 세포나 개체에서 같은 유전자 구성을 띠는 클론을 만드는 일. (옮긴이)

3.3

비상사태에 발 빠르게 대처할 수 없을까?

인간은 그 상황에 따라 전적으로 조건을 부여받고 있다.

〈레탕모데른〉 창간사

2020년부터 시작된 코로나19 위기는 우리의 생활을 단번에 뒤바꿔놓았다. 기존 습관과 규칙이 전혀 통용되지 않고 사회체제까지 변화했다. 그리고 모든 국가가 경제에 심한 타격을 입었다. 전 세계의 수많은 전문가는 왜 코로나 종식까지의 과정을 예견하고 발 빠르게 대처할 수 없었을까? 왜 코로나 사태는 이렇게까지 심각해졌을까? 사르트르가 제시하는 '상황'의 시점으로 비상사태를 해부해보자.

'상황'은 프랑스어로 'situation'이고 영어와 철자가 같다. 우리도 똑같이 '시추에이션'으로 의미가 통할 것이다. 사르트르가 말하는 '상황'은 어떤 것이었을까.

장 폴 사르트르는 1905년에 태어나 1980년에 사망했다. 즉 그는 1945년 종전을 경험했다. 제2차 세계대전에서 살아남은 그는 민간인이 아니라 군인으로서 전쟁터에 있었다. 전쟁터에 있었던 것뿐 아니라 독일군 수용소에도 있었다.

그리고 1945년. 그의 이름을 전 세계에 알리는 일이 일어났다. 그해 10월, 사르트르는 파리의 클럽 멩트낭Club Maintenant에서 '실존주의는 휴머니즘이다'라는 강연을 열었다. 강연회장에는 다 들어오지 못할 정도로 많은 인파가 밀려들었고, 다음 날 신문은 이 강연회를 대대적으로 보도했다.

프랑스는 승전국이었다. 하지만 프랑스 일부는 종전 직전까지 나치 독일에 점령당했다. 그러한 나치의 유대인 학살 사실은 백일하에 드러났다. 게다가 미국이 시행한 원자폭탄 투하도 보고되었다.

'인간이 이렇게까지 잔혹해질 수 있는가?'라는 전율. '인류는 자신의 손으로 스스로를 절멸시킬지도 모른다'는 공포. 그리고 '앞으로 어떻게 될 것인가?' 하는 불안. 같은 해 같은 달, 사르트르는 〈레탕모데른Les Temps Modernes〉이라는 잡지를 창간한다.

우리의 의도는 우리를 둘러싼 사회에 일종의 변화를 가져오기 위해서 협력하는 일이다. … 우리 잡지는 각 경우에 따라 입장을 밝힐 것이다. 정치적으로 그리하는 것이 아니다. … 주장하는 근거가 되는 인간관을 부각하는 데 노력하겠다.

〈레탕모데른〉 창간사

'상황'의 시점은 '사회에 변화를 가져오기' 위한 조건이다. '인간은 그 상황에 따라 전적으로 조건을 부여받고 있다'는 말을 다른 표현으로 바꾸면 '우리는 항상 상황에 말려들어 있다'는 의미다. 실존철학에서는 '항상 이미 말려들어 있다'가 문제 해결에 가장 중요한 실마리가 된다.

'말려든다'를 프랑스어로 번역하면 '앙가제engagé'다. 동사 'engager'의 과거분사이며, 이것이 명사가 되면 **'앙가주망**engagement'이다. 이 유명한 용어는 '정치 참여'를 의미하는 경우가 많지만, 원래는 **'스스로를 말려들게 하다'**, 즉 끌어들인다는 뜻이다.

'상황'이란 '앙가주망'과 묶어 함께 인식해야 한다. 흥미로운 일화가 있다. 제2차 세계대전이 발발하자 사르트르는 군대에 소집되었다. 갑작스럽게 전쟁에 완전히 말려들고 만 것이다. 그는 전쟁터에서 자신의 상황에 꽤 당황했던 모양이다. 그러나 기적적으로 사고를 전환하는 데 성공한다. "전쟁은 나다" 하고 선언함으로써 전쟁이라는 상황에 자신을 끌어넣으려 한 것이다. 약간 억지스러운 방법일지 모르지만 중요한 점이 있다.

누구도 상황에 말려들지 않고 도망칠 수는 없다. 하지만 자발적으

로 자신을 상황에 끌어넣으면 상황을 바꾸는 역할을 획득할 수 있다.

상황을 똑바로 지켜보면 상황을 변화시킬 수 있는 '앙가주망'이 가능해진다. 코로나 위기의 한가운데서 사람은 그 끝을 예측할 수 있을까? 어떠한 사태가 각지에서 발생하는지 확인할 수 있을까? 그 세계적인 재난 상황을 모두 파악하는 인물이 있을까? '불투명한 상황'이라 모든 대책이 늦어지고 마는 것이다. 그렇다면 우리에게 주어진 선택지는 무엇일까?

각각의 상황은 어디나 벽투성이다. 선택할 수 있는 출구는 없다. 출구는 만들어지는 것이다. 그리고 각자 자신의 고유한 출구를 만듦으로써 자기 자신을 새롭게 만드는 것이다.

《문학이란 무엇인가》

이 말에서 가장 중요한 부분은 '각자 고유의 출구를 만든다'는 것이다. 우리가 말려든 코로나 상황에 딱 알맞은 설명이다. 지금까지 지나온 출구(해결책, 대처법)는 닫혀버렸다. 그렇기에 이 상황에 자신을 끌어넣어 타인에게 맡기지 말고, 각자 스스로 출구를 만들어야 한다. 사르트르는 억지를 쓰며 우리를 곤란하게 하려는 걸까? 아니, 이것은 인간의 '자유'에 대한, 누구나 가능한 미션이다. <u>5.2투기</u> 편에서 이어집니다.

하이데거 : 현존재

왜 이런 세상을 살아가는 것일까?

우리가 말하는 모든 것, 우리가 생각하는 모든 것, 우리가 다양한 태도로 관여하는 모든 것이 존재자다. 그리고 우리 자신이 존재한다는 사실과 그렇게 존재하는 중에도 존재는 있다. 있는 것은 현실적인 것으로서 존재하고 눈앞에 존재하는 것으로서 존재하며, 존립하는 것으로서, 타당한 것으로서 실제로 그곳에 존재하는 것(현존재)으로서 존재하고 있다.

《존재와 시간》

처음으로 죽음을 의식한 것은 언제일까? 지인들에게 물어보니 '초등학생 때'라는 답이 가장 많았다. 자신이 죽는다는 것을 깨닫고 밤에 잠을 이루지 못했던 모양이다. 유서를 쓴 사람도 있다. 왜 사람은 죽음을 의식하게 되는 걸까? '태양과 죽음은 직시할 수 없다'라는 말은, 프랑스의 사상가 라로슈푸코의 잠언이다. 하지만 죽음을 의식할 수 있는 것은 인간

뿐이라는 사실도 있다.

> I, a stranger and afraid in a world I never made.
> 나는 이방인. 그리고 나는 내가 만들지 않은 세상에서 두려워
> 하고 있다.

영국의 시인 앨프리드 에드워드 하우스먼은《마지막 시
Last Poems》에서 살아 있다는 위화감, 세계와의 괴리를 이렇게
표현했다. 인간은 다른 동물과 달리 시간의 흐름을 의식한다.
무엇보다 자신의 죽음까지 상상할 수 있다. 지금 이 순간 가
족, 친구, 연인, 또는 모든 것을 잃을 수도 있다, 우주가 소멸
할지 모른다고 상상하기도 한다. 이 세상의 비영속성을 알고
있기 때문에 다른 생물이 느끼지 못하는 고민에 매일 직면한
다. 하우스먼의 표현대로 우리는 이 세계에서 이방인일지도
모른다.

인간은 이 위화감을 해소하기 위해 신화와 종교를 탄생
시켰다. 성서 속 아담의 죄도, 불교의 윤회전생도 '우리는 왜
존재하는가?'에 대한 답변이기도 하다. 죽음이라는 결말을
모른 척할 수도 있다. 몰입할 수 있는 일을 찾아내 뇌에 생각
할 시간조차 주지 않아야 한다. 그런데 우리에게는 이러한 소
극적인 해결 방법밖에 없는 것일까? 인간은 정말로 부자연스
러운 이물異物인 걸까?

이 문제를 생각하는 데는 하이데거의 시점이 반드시 필요하다.

근대화와 산업혁명에 의한 도시화로 사람들은 죽음의 경험에서 멀어졌다. 식료품이 되는 동물은 조리되어서 도착한다. 가족이 죽음을 맞는 곳은 멀리 떨어진 병원이다. 근대의 인간은 죽음과 연관이 사라졌고 죽음을 잊으려 했다. 동시에 니체를 비롯한 많은 철학자는 경험할 수 없는 '죽음'보다 '삶'을 고찰하는 데 노력을 기울였다. 그렇지만 근대화된 사회는 낙원이 아니다. 천재지변, 팬데믹, 그리고 이루 다 셀 수 없을 정도로 많은 희생자를 남긴 두 번의 세계대전. 하이데거는 이 잔혹한 일을 모두 경험했다. 진짜 철학은 우리에게 '죽음'과 '존재'의 의미를 생각하게 해야만 한다.

하이데거의 철학 개념이라고 하면, 누구나 '현존재Dasein'를 꼽는다. 독일어를 직역하면 'da(여기)'와 'sein(있다)'이다. 하지만 '여기에 있다'로는 본래의 의미를 제대로 파악할 수 없다. 'Dasein'은 '존재'와 '인간적 실존'을 생각하기 위한 단어다. 하이데거는 '존재'를 이해하지 못한 철학자를 비판한다. 그는 데카르트의 '나는 생각한다, 그러므로 존재한다'라는 말을 비판하면서, 존재에 대한 철학을 재구축했다. 데카르트와 같이 **인간의 존재를 세계나 일상생활과 동떨어진 형이상학적 시점에서, 외부로부터 생각하면 안 된다, 세계 속 내 존재를 생각해야 한다**고 주장했다.

'현존재'를 통해 바라보면, 세계 속에 있는 인간에 주목할 수 있다. 그것은 우리가 각자 인간으로서 본연의 자세를 추구하는 일이다. 그리고 현존재는 한 사람의 인간에 한정된 것이 아니다. '나'는 죽어도 '현존재'는 계속 존재한다. 현존재에는 두 가지 측면이 있다. 세계에 내던져지는 피투성被投性과 존재 가능성을 향해 자신을 내던지는 선구적 결의다. 이 양측면을 의식하게 하는 현존재는 현대의 중요한 과제인 '공존'의 실마리가 된다.

테오도어 아도르노[1]를 비롯해 역사와 사회를 무시한 개념으로서 하이데거의 현존재를 비판한 철학자는 많다. 그 비판의 배경에는 하이데거와 나치의 관계가 있다. 하이데거는 전쟁이 끝난 후에도 나치의 구성원이었다. 게다가 반유대주의에 대해 집필한 서적도 여러 권 있다. 그 결과, 규탄을 받아 대학교수직을 잃었고 1951년까지 강단에 서는 일도 금지당했다. 이러한 과오로 하이데거 철학은 불완전하다고 지적받는다. 반면 한나 아렌트(3.7 참조)나 자크 데리다(1.4 5.6 참조)는 하이데거를 옹호하면서 철학자와 그 사상을 별개로 봐야 한다고 주장했다.

하이데거는 《존재와 시간》에서 '존재의 의미 해명'을 최

---

1   테오도어 아도르노(Theodor Adorno, 1903~1969): 독일의 철학자. 나치에 협력한 일반인의 심리에 대한 연구로 유명하다. 작곡가로도 활동했다.

우선의 물음으로 한다. 그리고 의미란 '이해하고 해명해서 말로 하는 것'이라고 정의한다. '나는 세상의 이방인이 아닐까?' 하는 자기부정에서 출발하는 갈등은 인간으로서 본연의 모습에 눈뜨기 위한 흔들림이며, 이 흔들림은 공진한다. 인종차별 등의 행위로 비난받은 하이데거의 철학이 공존의 힌트가 된다니 아이러니한 이야기다. 하지만 이것은 몸은 죽어도 '현존재'는 살아 있다는 증거일 것이다.

인생 성공의 방정식이 있을까?

운동은 필연적으로 방정식의 외부에서 멈춘다.

《의식에 직접 주어진 것들에 대한 시론》

'인생·일의 결과＝사고방식×열의×능력'이라는 방정식이 있다. 교세라 창업자이자 경영의 신으로 불리는 이나모리 가즈오가 제안한 '인생 성공의 방정식'이다. 방정식이므로 세가지 변수인 '사고방식', '열의', '능력'은 수치화되고 인생의 결과를 나타내는 수치가 결정된다. 아마도 '인생 성공의 방정식'은 과학주의에 예속된 현대인을 설득하려는 방편일 것이다. 이때 등장하는 것이 베르그송의 '운동' 시점이다.

'방정식이 되지 않는' 우리의 인생은 어떠한 모습일까?

일본에서 니체가 철학 붐을 일으킨 계기는 2010년 출간된 책 《초역 니체의 말》이었다. 그리고 2020년 《지속 불가능 자본주의》에서 마르크스가 다시 주목받았다[1]. 철학자의 새로움은 사상을 업데이트하는 것이 아니다. 옛날에 저술한 책이라도 전혀 퇴색하지 않아 언제까지라도 배움과 지혜를 얻을 수 있다. 이것이 철학의 새로움일 것이다. 그 모범이 되는 철학자가 바로 앙리 베르그송이다.

블라디미르 장켈레비치(4.4 참조)와 들뢰즈(2.7 5.7 참조)는 베르그송을 철학의 기점으로 삼았고, 모리스 메를로퐁티(3.6 5.1 참조)는 주제를 이어받았으며, 사르트르(3.3 4.2 5.2 6.4 참조)는 정면 승부를 펼쳤다. 일본에서도 니시다 기타로[2]가 《사색과 체험思索と体験》에서 '베르그송으로 말하자면 지금은 프랑스 최고의 철학자로서만이 아니라 세계적인 학자로서 높은 평판을 얻고 있다'라고 서술했다.

'운동'을 해명하기 위해서 베르그송은 '제논의 역설Zenon's paradoxes'을 이용한다. 고대 그리스의 철학자 제논이 주장한 논법으로, 대표적인 것은 '아킬레우스와 거북이'의 역설이다. 아킬레우스는 그리스 신화의 영웅이다. 그가 거북이와 달리기 경주를 한다. 다만 가장 발이 빠르다고 알려진 아킬레우스와

---

1   국내에서는 《초역 니체의 말》은 2020년, 《지속 불가능 자본주의》는 2021년에 번역 출간되었다. (옮긴이)

2   니시다 기타로(西田幾多郎, 1870~1945): 일본에서는 몇 안 되는, 세계에서 인정받은 철학자. 대표 저서로 《선의 연구》가 있다.

겨루는 거북이를 먼저 출발하게 해주었다.

자, 시작이다. 거북이가 출발한 지점에 아킬레우스가 도착했을 때 거북이는 그 시간만큼 앞(지점 A)으로 나아가 있다. 지점 A에 아킬레우스가 도착했을 때 거북이는 그 시간만큼 앞(지점 B)으로 나아가 있다. 지점 B에 아킬레우스가 도착했을 때는 거북이는 그 시간만큼 앞(지점 C)으로 나아가 있다. 이 상황은 무한히 반복된다. 그렇다면 아킬레우스는 영원히 거북이를 쫓아가지 못하게 된다.

베르그송은 이 역설을 만들어낸 함정을 '운동과 운동체에 의해 답파된 공간의 혼동'이라고 특정했다.

운동은 등질적이고 분할 가능하다고 단언할 경우 생각할 수 있는 것은 답파된 공간으로, 이 공간과 운동을 혼동하고 있다.

《의식에 직접 주어진 것들에 대한 시론》

공간은 균등하게, 그리고 무한히 분할할 수 있는 것이다. 베르그송은 물리에서 배우는 등속운동을 예로 들었다. 거리는 '속도×시간'으로 구할 수 있다. 그리고 등속운동 그래프는 시간을 가로축으로, 거리를 세로축으로 한 일차함수가 된다. 그때 시간은 무한히 분할될 수 있다. 이것은 거리도 마찬가지다.

그러나 '과학이 시간 및 운동에 작용하는 것은 시간에서 지속[3]을, 운동에서 운동성을 제거한다는 조건이 충족된 경우 뿐이다.'(《의식에 직접 주어진 것들에 대한 시론》)

본래 '운동'은 분할되지 않으며 유기적이다. 운동을 분할한다는 것은 운동을 정지시키는 일이다. 그러면 패러독스 안에서 아킬레우스와 거북이는 무한히 분할되는 여러 지점에서 매번 정지해야만 한다.

구로다 조스이黒田如水[4]가 고안했다고 전해지는 수오칙[5]의 제5훈을 소개해보자.

망망대해를 가득 채우고 증발하면 증기가 되었다가 구름이 되어 비가 되고, 눈으로 바뀌고, 싸라기눈이 되었다가 응고해서는 영롱한 거울 같은 얼음이 될 수 있지만, 그 성질을 잃지 않으면 물이로다.

'물이 증발해서 수증기가 되고 비, 눈, 안개, 얼음이 된다. 그리고 얼음이 녹아 또다시 물이 된다'는 식으로 변화를 계속하지만 물이라는 사실은 바뀌지 않는다. 이것이 물의 '운동'이다.

그렇다면 이 '운동'을 어떻게 '방정식'으로 만들 수 있을

3　'지속'에 대해서는 2.7 들뢰즈의 시점에서 언급했다.

4　전국시대부터 에도시대 초기의 무장으로, 구로다 간베에(黒田官兵衛)라는 이름으로도 잘 알려져 있다.

5　水五則, 물에 비유해 인간이 살아가는 방식을 가르치는 글. (옮긴이)

까. 물, 얼음, 수증기, 세 가지 형태로 변화하지만 모두 한순간도 같은 상태로 있지 않는다. 어느 순간이든 눈에 보이지 않아도 다음 형태로 변화하고 있는 것이다. **'운동'이란 생성과 변화가 '지속'하는 전체를 말한다.**

이들 '운동'과 '지속'의 시점은 니시다 기타로의 철학에도 큰 영향을 미쳤다.

> 베르그송에 따르면 우리에게 주어진 직접적이고 구체적인 실재는 유전적이고 발전적이며 한순간도 멈추지 않는다. 즉 살아 있는 것이다.
>
> **니시다 기타로 《사색과 체험》**

《의식에 직접 주어진 것들에 대한 시론》은 젊은 베르그송이 문학박사 학위를 받기 위해 제출한 논문이다. 베르그송의 '운동', '지속' 개념을 이해하려면 이 논문을 꼭 읽어보기를 권한다. 하지만 논문의 주목적은 '자유'에 있다. '머리말'에서도 '우리는 다양한 문제 중에서도 형이상학과 심리학에 공통하는 문제를 선택하기로 했다. 즉 자유의 문제다'(《의식에 직접 주어진 것들에 대한 시론》)라고 선언한다. 이 논문의 제1장과 지속과 운동'을 다루는 제2장은 '자유'로 들어가기 위한 도입부다.

그러나 제3장에서 자유는, '자유라고 불리는 것은 구체적인 자아와 그것이 수행하는 행위 사이의 관련이다. 이 관련은 우리가 자유롭기 때문에 정의를 내릴 수 없다'(《의식에 직접 주어진 것들에 대한 시론》)라고 설명하는 데 그친다.

'운동'이나 '지속'같이 명확하게 정의되지 않은 것이 '자유'의 아쉬운 점일까. 하지만 운동이 자유로 연결된다는 사실을 안 지금, 우리 인생을 '자유로운 운동'으로 다시 해석하는 일은 허용될 것이다.

'방정식'은 우리를 '자유'로 촉구하는 것이 아니다. '자유'는 미리 준비된 지점인 'X 아니면 Y'를 선택하는 것이 아니다. '얼음인가 수증기인가'를 선택하지 않고 물은 저절로 '얼음도 수증기도' 된다. '자유로운 운동'에는 미리 마음속으로 정해둔 X도 Y도 없다.

'자유'라는 것은 '운동'을 통해 우리 자신을 죽을 때까지 계속 창조할 수 있다는 것을 의미한다.

방정식에 너무 집착하지 않는 것이 어떨까. 도달해야 할 점도, 소요 시간도, 그래프 형태도 '자유'와는 관계가 없으니까.

신체인가 정신인가, 그것은 문제인가?

타자의 신체를 문제시한들, 나 자신의 신체를 문제시한들 신
체를 인식하는 유일한 수단은 스스로 그것을 살아가는 것, 즉
신체를 거친 드라마를 자신이 다시 인식하고 그 신체와 합체
하는 것뿐이다. 따라서 나는 나의 신체다.

《지각의 현상학》

철학의 영역에서 '신체'가 주제일 때, 반드시 함께 언급
되는 개념이 있다. '정신(혹은 영혼이나 마음)'이다. 일찍이 플라
톤은 '신체는 영혼의 감옥'이라고 생각했다. 플라톤에 따르면
소크라테스는 죽음을 앞두고 "신체는 의상과도 같으므로 죽
음을 두려워해서는 안 된다"라고 제자들에게 설파했다고 한
다. 데카르트(1.3 참조)는 심신 이원론에서 '기계로서 신체'에 대

해 '나'의 주체로서 '정신'의 우위를 주장했다. 그러나 '신체'는 그 정도로 단순 명쾌한 것일까? 훨씬 '깊이'가 있지 않을까? '신체인가 정신인가?' 하는 문제는 아닌 것 같다.

메를로퐁티는 가브리엘 마르셀(1.6 6.7 참조)의 신체론을 계승했다. 마르셀은 《존재와 소유》에서 '불수의성不隨意性'이라는 관념을 '신체'에 연관시켰다. '불수의성', 즉 자신의 의사로 자유롭게 움직일 수 없다는 것은 '신체를 갖고 있다'는 단순한 사실을 다시 생각해 보게 한다. 종종 우리는 '내 몸'이라고 말한다. 내가 가진 신체라는 의미다. '갖다', 즉 '소유하고 있다'는 것은 그것을 자유롭게 다룰 수 있음을 의미한다. 그렇다면 우리는 '신체'를 '소유'하고 있는 것일까?

자신의 신체를 자신의 대상으로서 자유롭게 다룰 수는 없다. 자신의 신체를 스스로 볼 수 없는 것과 마찬가지다. 신체는 이렇게 불수의성에 속박되어 있다. 그러나 신체가 불수의성을 동반하기에 우리는 더욱더 물건을 소유하려 한다. 세계를 손아귀에 거머쥔 자는 과연 무엇을 소유하고 있을까?

우리는 결코 신 같은 초월적 혹은 편재적 시점에서 세계 전체를 인식할 수는 없다. '신체화된' 시점은 항상 불완전하다. 하지만 신체를 통해 세계를 보기에 그야말로 우리가 보는 세계는 항상 관점에 따라 나타난다. 그리고 신체를 움직여 바라보는 시점을 바꾸면 그에 따라 관점도 달라지고 지금까지 보이지 않았던 세계가 보인다. 이것이야말로 자유롭게 세계를 보는 일이다.

세계와 나의 관계는 항상 관점으로서 지각된다. 이것이 메를로퐁티 철학의 기점이다. 이를테면 내 앞에 정육면체의 목재가 있다. 이것은 본래 정육면체로 보이지 않는다. 반드시 어딘가 보이지 않는 면을 남기면서 지각될 것이다. 반면 구체적인 제한이 없는 신의 시점은 이러한 방향성에서 해방되어 정육면체의 여섯 면을 한꺼번에 인식할 것이다. 정신적인 시점(이라는 것이 가능하다면)은 이렇게 신의 시점에 서는 것을 목표로 한다.

하지만 세계를 불완전하게 볼 수밖에 없는 신체라는 부정성否定性은 여기서 180도 회전한다.

완전한 세계를 인식하는 자는 세계와 조화롭게 연결되어 있다고 말할 수 있을까?

이러한 자는 세계가 표정을 가졌다는 것을 실감할 수 있을까?

정육면체같이 과학 지식으로 인식되는 세계는 무표정이다. 세계가 표정을 동반한 것으로 보인다면 우리의 신체가 기점이 되어 세계가 열리고 있다는 증거다. 즉 신체의 '불수의성'이 존재하기 때문에 우리는 자유롭게 세계를 볼 수 있는 것이다.

과학 분야에서 '신체'는 실험 대상으로서 '물체'다. 하지만 신체는 광석이나 기계와는 다른 특별한 물체다. 신체는 아픔도 느끼고 기쁨도 느낀다. 눈물도 흘린다. 눈은 세상을 보고 귀는 세상을 듣고 피부는 세계에 닿는다. 이렇게 '신체'와 세계는 독특한 관계를 맺고 있다. 그리고 **신체의 방향이나 높이가 변화하면 세계의 모습도 그에 따른다.**

과학의 객관적 세계는 이렇게 생생한 체험을 배제하고 비로소 확립된다. 결국 객관적 세계는 우리가 체험할 수 있는 것이 아니다.

> 최초의 철학적 행위란 객관적 세계 바로 앞에 있는, 살 수 있었던 세계까지 되돌아오는 일이다.
>
> 《지각의 현상학》

신체는 우리가 관계하는 세계의 핵이다. 신체가 있기에 우리는 자유롭게 세상과 교류할 수 있으며 세계는 우리에게 다른 모습을 보여준다. 그리고 다음과 같은 유명한 문구가 있다.

> 신체야말로 자신을 나타내고, 신체야말로 스스로 말한다.
>
> 《지각의 현상학》

메를로퐁티가 이끄는 철학은 독특하고 실천적이다. '**진짜 철학은 세계를 보는 방법을 다시 배우는 일이다**', '**철학이란 자기 자신의 단서가 항상 갱신되어가는 경험이다.**'(《지각의 현상학》) 철학적 시점이란 완성된 세계의 모습에서 일단 떨어져 세계를 다시 자신의 눈

으로 보려는 것이다. 세계와 자신의 관계를 추상적 개념으로 얼버무려서는 안 된다. 자신의 눈으로 세계를 다시 보려고 하는 부단한 노력, 이것이야말로 철학을 하는 일이다.

아렌트 : 활동

'알바'로 살면 안 될까?

인간은 활동을 하면서 자신이 어떤 사람인지 드러내고 그 독
특한 인격적 아이덴티티를 적극적으로 밝혀서 인간세계에 모
습을 나타낸다.

《인간의 조건》

《예루살렘의 아이히만》이라는 책이 있다. '악의 평범성
에 대한 보고서'라는 부제로 유명하다. 이는 한나 아렌트가
아이히만[1]의 재판 기록을 잡지 〈뉴요커〉에 연재하고, 그 내
용을 책으로 출간한 것인데, 이를 통해 그녀의 이름이 전 세

---

1   아돌프 아이히만(Adolf Eichmann, 1906~1962): 제2차 세계대전 중 유대인 말살 계
     획의 책임자였던 나치 친위대 중령. 전후 아르헨티나로 망명했으나 모사드에 의해 체
     포되어 예루살렘에서 재판을 받은 후 사형당했다.

계에 알려졌다. 극찬과 동시에 수많은 비판도 날아들었다. 주목할 만한 것은 동포들이 그녀를 격렬히 비난하고 공격했다는 사실이다.

유대인인 아렌트는 독일에서 태어났다. 반나치 활동에 협력하고 프랑스로 망명했으며 제2차 세계대전 발발 후 미국으로 망명하고부터는 미국을 활동 거점으로 삼았다. 아렌트의 주요 저서로는 그 밖에도 《전체주의의 기원》과 《인간의 조건》이 있다. 《전체주의의 기원》은 그의 출세작이다. 전체주의란 정부에 반대하는 모든 정당과 언동이 금지된 국가 체제를 가리킨다. 히틀러, 무솔리니, 스탈린에 의한 체제가 대표적이다.

신변 안전이 보장된 미국에서 한나 아렌트는 나치가 자행한 홀로코스트를 접하게 된다. '무슨 일이 일어났을까? 왜 일어났는가? 어떻게 일어날 수 있었나?' 아렌트에게 전체주의와 싸우는 일은 정치 활동으로 타도하는 게 아니라, 그 배경에 있는 사상을 확인하는 것이었다. 그래서 탄생한 책이 《인간의 조건》이다.

《인간의 조건》에서 아렌트는 '노동', '작업', '행위'를 인간의 기본적인 활동력으로 분류한다. 우선 '노동'을 살펴보자. 영어로는 'labour'. 노동은 '신체의 생물적 과정에 대응하는 인간의 활동력'으로서 고찰된다. 노동이라고 하면 마르크스(3 특별수업 참조)가 떠오른다. 마르크스는 '노동'을 '인간에게만 허용된

명확한 목적을 지닌 행동'이라고 정의했다. 아렌트도 마르크스의 논설을 계승했다. 무엇보다 우선 노동은 자신의 생명을 유지하기 위한 행위다. 하지만 생명 유지라는 필요만으로는 노동이 고역으로 전환된다. 옛날에는 노예에게 강요해온 일, 현대에는 기계에 맡기는 일이 노동이다. 예전부터 자유인이란 타자를 희생시켜 이러한 고역에서 도망쳐 온 사람을 가리켰다.

이어서 '작업'을 보자. 영어로는 'work'다. 작업은 '인간 존재의 비자연성에 대응하는 활동력'으로 정의된다. 인간의 자연성은 유한한 것을 의미하며 작업의 비자연성은 유한성 중 일정한 영속성과 내구성을 부여하는 일이다. 그러나 아렌트에 따르면 작업 또한 타자가 부재한 행동이다. 작업하는 사람에게는 목적을 달성하는 일이 최대의 관심사다. 그것은 인간을 도구로써 자의적으로 이용하는 행위로 이어진다.

노동과 작업에는 공통점이 있다. 양쪽 모두 '타자의 희생', 다른 말로 하면 '타자 부재'에 의해 성립된다는 것이다. 타자 부재의 끝에 존재하는 것이 전체주의다. 만약 나치 구성원들에게 타자에 대한 관심이 남아 있었다면 홀로코스트라는 비인간적인 악행은 역사에 등장하지 않았을 것이다. 전체주의는 자주성을 축으로 하는 인간성을 부정한다. 이 체제하에서는 타자와의 모든 관계가 차단된다. 아렌트에게 전체주의 타개의 열쇠가 된 것이 '자주성'이다.

고역인 노동의 특징으로는 반복을 들 수 있다. 날마다 같은 일을 반복해야만 한다. 한편 '행위'는 항상 '시작'이며 우연히 같은 행위를 했더라도 자주성에 의해 이루어졌다면 '시작'인 것이다.

'행위한다'는 것은 가장 일반적으로는 '창시한다', '시작한다'는 의미다. … 동시에 무언가를 '움직인다'는 의미다. … 인간은 그 탄생에 의해 '시작되고' 창시자가 되므로 창시를 맡아서 행위하게끔 이끌린다.

《인간의 조건》

예로부터 철학은 '나는 무엇(what)인가?'를 과제로 삼아왔다. 즉 인간의 본질을 탐구해왔다는 얘기다. 따라서 본질과 이상을 고찰하기 위해서는 현장이나 행동에서 떨어진 '관조적 삶'이 권장되어왔다. 하지만 아렌트는 '나는 누구(who)인가?'를 묻는다. **'누구인가?'는 관조로 이해되는 것이 아니라, 항상 현장에서 타자에 의해 개시되는** 것이다. 이것이 아렌트가 제시하는 '활동적 삶'이다.

그 사람이 어떤 사람인지는 그의 행동에 전부 암시되어 있다. … 그리고 이렇게 드러내는 활동의 특질은 사람들이 타인에게 희생되거나 타인에게 적의를 품는 경우가 아니라, 타인과 함께 있을 경우 전면에 나타난다.

《인간의 조건》

우리가 타고난 활동력을 갖추었다고 믿을 수 있는가? 이것이 시발점이 될 듯하다. 만약 일을 '하지 않아도 된다면 하고 싶지 않은' 것이라고 한다면 '일은 곧 노동(고역)'이라는 틀에 갇혀 있다. '타자'가 대신할 수 있는 '하지 않아도 되는 일'은 하지 않아도 된다. 자신에게 자극을 주어 마음이 움직이게 하는 '어떻게 해서든 하게 되는 일'에 순순히 따라보면 어떨까. 반드시 '타자'가 '나는 누구인가?'에 대답해줄 것이다.

마르크스가 본 미래

가축 인간

미국 의회 도서관에 보관된 에드문트 지크프리트 발트만Edmund Siegfried Valtman의 풍자 그림 〈I can't Believe My Eyes(내 눈을 믿을 수가 없어)!〉가 1991년 미국의 신문 각지에 게재되었다. 공산주의 이데올로기의 대표자인 카를 마르크스, 블라디미르 레닌, 이오시프 스탈린이 천국에서 지구를 바라보며 소련 최후의 최고 지도자 미하일 고르바초프가 치르는 공산주의 장례식을 들여다보고 있다. 이는 당시 미국인이 공산주의에 대해 갖고 있는 고정관념을 고찰하는 아주 좋은 소재다.

공산주의의 천국에 대한 묘사는 마르크스의 무신론에 대한 야유다. 《헤겔 법철학 비판》에서 마르크스는 종교를 '민중의 아편'이라고 비판했다. 종교, 특히 기독교 신자가 많은 미국에서 보면 경제뿐 아니라 신앙의 자유까지 장애물로 규정하는 공산주의를 적으로 인식하는 게 당연했다. 그렇지만 마르크스는 사후의 환상으로 노동자들이 날마다 직면하는 고생을 잊게 하려는 지배계급을 규탄했다.

'I CAN'T BELIEVE MY EYES!'

　하지만 냉전 시대에는 신의 존재까지 부정하는 공산주의자를 비윤리적인 인물로 취급했다. 냉전의 배경에는 이처럼 경제 문제를 넘어선 이유도 있었던 것이다. 현재에도 많은 미국인이 종교가 없는 사람은 선과 악을 구별할 수 없다고 믿는다.

　발트만이 그린 장례식 묘사는 공산주의 혁명으로 희생된 수많은 사람을 애도하는 것으로 연상할 수 있다. 레닌이나 스탈린을 비롯해 마르크스의 이름을 빌려 대량 살육한 지도자는 있다. 하지만 마르크스는 자본주의의 문제를 지적한 철학자이지 정치 지도자는 아니다. 소비에트연방이 붕괴했다고 해서 마르크스의 철학이 틀렸다고 증명된 것은 아니다. 공산주의는 모르지만 마르크스 철학의 장례식은 항상 미완성으로 끝날 것이다.

마르크스의 철학은 우리에게 자본주의의 약점을 재고할 기회를 끊임없이 제공한다. 여전히 자본주의의 여러 문제는 해결되지 않은 채 남아 있다. 리먼 사태에서 코로나, 디지털 전환digital transformation, 그리고 사회 격차의 확대는 많은 사람이 느끼고 있을 것이다. 사회는 변화의 속도를 따라가지 못하는 사람을 무시한다. 그런 사람들에게는 마르크스가 제안한 사회 모델이 도움이 될 것이다. 미국의 실업가 앤드루 양Andrew Yang이 제안하는 기본 소득제[1]는 공산주의의 응용이라고 할 수 있다.

마르크스 사상을 높이 평가하면서 《자본론》을 독파한 사람이 얼마나 될까. 그것은 혐오하는 사람도 마찬가지다. 굉장한 분량인지라 어지간히 특이한 것을 좋아하는 사람이 아니고서는 수행할 수 없는 임무일 것이다. 성서와 마찬가지로 해설을 읽는 사람이 많고 해설자의 선입관은 필터가 된다. 여기서는 마르크스 해설이라기보다 마르크스 사상의 발자취를 좇으면서 미래에 대한 실마리를 보여주려 한다.

부르주아 계급이란 근대적 자본가 계급을 의미한다. 즉 여러

---

1   Universal Basic Income, 전 미국 국민에게 월 1000달러를 지급하는 제도.

사회적 생산수단을 소유했으며 임금노동자의 고용자인 계급
이다. 프롤레타리아 계급은 자신의 생산수단을 갖고 있지 않
기 때문에, 살기 위해서는 자신의 노동력을 팔 것을 강요당하
는 근대 임금노동자의 계급을 의미한다.

《공산당 선언》

산업혁명이라는 사회 변화에 직면한 마르크스는 한 가
지 사실을 알아차린다. 노동자 계급인 프롤레타리아는 부르
주아에게 지배당하고 있다. 산업혁명 이전에 노동자는 생산
수단을 갖고 있었다. 하지만 산업혁명이 가져온 공장 발전으
로 재산이 집중된 부르주아에게 생산수단을 빼앗기고 만다.

책상을 만드는 장인을 예를 들어 살펴보자. 처음에는 목
재를 고르고 그 나무에 가장 잘 맞는 형태를 생각한다. 그런
다음 자신의 소유물인 도구로 물건을 만든다. 제작을 마친 후
자신의 가게에서 가격을 책정해 판매하고 그 이익을 자신이
갖는다. 장인들은 책상과 의자, 나무 상자 등 다양한 물건을
만들어내면서 성취감을 맛볼 수 있었다. 하지만 산업혁명 후
에는 책상 생산 작업이 장인에서 공장 노동자의 손으로 옮겨
갔다. 그들은 아침부터 밤까지 서랍 등 책상의 일부를 만든
다. 디자인에 대해서는 아무 의견도 낼 수 없고 도구도 고르
지 못한다. 책상 한 개당 상품값을 받는 게 아니라 시급으로
일의 가치, 즉 자신의 가치가 계산된다.

즉 자신의 시간을 파는 것이다. 당연히 이렇게 일하면 충분한 성취감을 느낄 수 없다. 이익을 얻는 사람은 생산수단을 관리하는 회사의 사장이다. 실제 생산비보다 상품을 비싸게 팔수록 이익을 내는 구조다.

생산수단에서 멀어지면 멀어질수록 의욕을 잃고 일에 불만을 가지며 미래에 불안을 느낀다. 이것이 마르크스가 그린 '가축 인간'의 모습이다. 이는 오늘날에도 통용되는 중요한 교훈이 아닐까. 현대인은 자본주의와 공존하기 위해 다양한 방법을 추구하고 있다. 그러나 '추구해야 한다'는 의식이 압박으로 다가온다. 그래서 최근 유행하는, 지금 이 순간을 중요하게 여기는 '마인드풀니스'가 이러한 정신 상태에서 해방되는 방법 중 하나가 되었다. 하지만 이 또한 새로운 압박으로 작용한다.

압박감에 사로잡힌 자신의 모습을 인정하자. 인정했다면 일단 멈춰 서자. 그리고 자본주의의 문제에 대해 잠깐 생각해보는 건 어떨까. 요즘 젊은이들이 대기업보다 이념에 공감할 수 있는 회사, 당장 활약할 수 있는 스타트업에 취업하기를 원하는 것은 생산수단을 되찾는 하나의 수단으로 생각해도 좋을 것이다. 기본 소득제도 자본에서 사람들을 자유롭게 하는 수단이다. 마르크스를 아는 일은 현재에 집중하는 업무 환경을 갖추는 계기가 될 수도 있다.

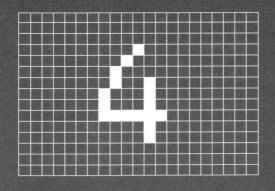

네 번째 수업

◆

발전의 시점

모든 문제를 자기화하고 동료와 공유했다.
하지만 그 활용법이 보이지 않는다.

시야를 넓히고 시대의 인과를 꿰뚫어 미래로 연결하는
새로운 비전을 구축하는 데 도움이 되는 시점.

알아서 비위를 맞추는 행위는
왜 바람직하지 않은가?

단어를 연사적으로 둘러싼 것이 글의 맥락이다. … 연사에는
시작과 끝이 있으며 다른 단어가 앞뒤로 배치되어 단어가 기
능을 한다.

《일반언어학 강의》

'맥락을 이해한다'는 말과 비슷하면서도 달리 쓰이는 말
이 '분위기를 파악한다'다. 비슷한 점이 있지만 본질은 완전
히 다르다. 그 차이를 명확히 하면 우리가 안고 가야 할 문제
에 대한 시각을 크게 바꿀 수 있다. 단계적으로 소개해온 소
쉬르의 마지막 시점이 '맥락'이다. 위에서 인용한 문장에는
'연사連辭'라는 낯선 전문용어가 등장한다. '연사'란 하나의 문
장을 이루는 각 항목(단어), 즉 단어가 겉으로 드러난 관계를

가리킨다. 이 용어는 소쉬르의 영향력을 나타내는 키워드이기도 하다.

왜 소쉬르가 '구조주의의 시조'로 불릴까? 여기에는 두 사람의 거물이 관련되어 있다.

클로드 레비스트로스Claude Levi-Strauss와 로만 야콥슨Roman Jakobson이다.

레비스트로스는 프랑스의 사회인류학자이자 민속학자다. 소쉬르와 마찬가지로 철학자가 아닌 레비스트로스가 왜 철학사에 없어서는 안 될 인물로 거론될까? 그 까닭은 사르트르(3.3 등 참조)와의 대결에서 밝혀진다. 그는 '주체적이고 자유로운 선택'을 주장하는 사르트르를 《야생의 사고》에서 철저하게 비판했다. 자유로운 선택을 가능하게 하는 '주체' 따위는 없다. 우리는 항상 우리가 받아들인 사회의 시스템에 의해 선택된다. 그 시스템은 '구조'라고 불리며 구조는 육안으로 볼 수 없다. 그래서 구조에 포함되지 않은 선택지는 그곳에서 살아가는 인간의 시야에 들어오지 않는 것이라고 비판했다.

한편 야콥슨은 러시아 출신의 언어학자다. 제2차 세계대전이 시작되기 전에 프라하에는 동유럽의 우수한 언어학자가 모여 소쉬르의 언어관을 기초로 해 언어를 연구하던 그룹이 있었다. 통칭 프라하학파로, 이 학파의 중심인물인 야콥슨은 나치의 탄압을 피하기 위해 망명한 뉴욕에서 레비스트로스에게 '구조'에 대한 내용을 전수했다. 그 결과 '구조주의'

는 사르트르가 이끌던(사람들의 눈에는 그렇게 비쳤다) '실존주의'를 철저히 공격했다(고 간주되었다). 이렇게 해서 철학은 새로운 조류를 형성하게 되었다.

소쉬르는 체스를 예로 들어 '맥락'과 '연사', 두 가지 키워드를 설명했다.

> 체스 말 각각의 가치는 체스판 위의 위치로 결정된다. … 가치는 불변의 관습, 경기의 규칙에 따라 정해지며, 이 규칙은 경기가 시작되기 전부터 존재해 어떤 국면 이후에도 계속된다.
>
> 《일반언어학 강의》

체스에는 시작과 끝이 있다. '연사'란 말하자면 게임 시작부터 승패가 결정되기까지 전체를 구성하는 말의 움직임을 뜻한다. 끝을 맞이한 게임을 녹화해 처음부터 재생하면 각 말의 움직임이 일종의 흐름을 만든다는 것을 알 수 있다. 하지만 그 말은 제멋대로 움직이는 것이 아니다. 게임의 규칙에 따라 움직인다. 그리고 각각의 수에는 이유가 있으며 그것은 전후 말의 움직임과 서로 관련되어 있다. 이 흐름을 잘못 읽은 사람이 패자가 된다.

소쉬르가 병으로 세상을 떠나면서 《일반언어학 강의》에서 제시한 '연사'에 대한 설명은 해결되지 않은 채 남고 말았다. 이 미션을 이어받아 보완한 사람이 야콥슨이다. 야콥슨은 실어증 환자의 언어능력을 연구했다. 그들에게는 두 가지 특징이 있는데, 그중 한 가지는 단어를 단편적으로 말하긴 해도 맥락 있는 문장으로 표현하지 못하는 장애다. 이를 인접성 장애라고 한다. 또 한 가지는 정형문 즉 문법성을 완전히 갖춘 문장을 말할 줄 알아도 거기에 사용하는 단어를 선택할 수 없는 장애다. 이를 유사성 장애라고 한다. '연사'는 인접성 장애로 설명된다. 완성된 한 문장을 이루는 각 단어는 문법에 따라 상호 관계를 맺는다. 이것이 연사다. 연사의 힘을 잃으면 문장을 만들 수 없다.

'맥락을 이해한다'는 것은 '분위기를 파악한다'와 다른 차원의 문장이다. 단어 각각의 논항은 문장이라는 전체 속에서 비로소 의미를 지닌다. 단어끼리 모여 문장을 만들고 서로 관계를 갖지 않으면 의미를 생성하지 못한다. 또 단어를 마음대로 나열하기만 해도 의미를 이루지 못한다. 문법이라는 규칙이 반드시 필요하다. 분위기를 파악하는 일은 분위기에 지배당해 부화뇌동, '쉽게 동조하지만 화합하지 않는' 행동이다. 이는 한때 일본에서 사회적으로 이슈가 되었던 '상대의 비위를 살펴 눈치껏 알아서 대접하는 행위(촌탁忖度)'로, 맥락을 이해한 데서 나온 행동이 아니다. 이에 반해 맥락을 이해한다는 것은 과학적이고 사회적인 힘이다. 따라서 훈련을 통해 습득할 수 있다. 물론 짧은 시일에 획득할 수 있는 것은 아니며 그렇기에 더욱 귀중하다고 할 수 있다. '잘 화합하지만 쉽사리 동조하지 않고' 고군분투하는 경우도 있겠지만 말이다.

　다양한 문제점이란 상호적이고 상대적이다. 서로의 논항 관계에 따라 그 '가치'가 결정된다. 우리는 종종 가치 있는 하나의 시점에 집착해 거기에서 벗어나지 못한다. 그러면 해결의 실마리는 점점 더 멀어져갈 것이다. 그럴 때는 **일단 그 문제에서 멀리 떨어져 맥락에 주목해보자. 문제와의 관계를 앞뒤로 살펴보면 그 안에 돌파구가 될 만한 단서가 숨겨져 있을지도 모른다.**

자유가 먼저인가, 부자유가 먼저인가?

자유는 마치 저주와도 같다. 그러나 그것은 또한 인간의 위대
함이 생겨나는 유일한 근원이기도 하다.

〈레탕모데른〉 창간사

사르트르는 '전쟁이라는 상황에 스스로를 끌어들인다'
고 선언하고 기사회생했다.(3.3 참조) 하지만 스스로를 끌어들이
는 일은 그리 간단하지 않다. 그것은 부조리에도 자신을 끌어
들이고 만 상황, 즉 그렇게 만든 측이 되기 때문이다. 사르트
르는 이를 '공범'이라고 표현했다. '상황의 공범이 돼라'는 것
은 어떤 의미에서는 불합리한 요청이다. 하지만 여기에 '자
유'의 가장 큰 특징이 감춰져 있다.

우리가 놓인 상황에서 살펴보자. 이를테면 지구환경 문
제가 있다. 이 문제의 원흉은 누구인가? 전범과 같은 인간일

까? 빈곤과 전쟁 문제는 어떤가? 다른 나라의 문제를 강 건너 불구경하듯 남의 일로 봐도 될까? 그리고 경제적 격차 문제도 있다. 격차 해결은 누가 해야 하는가? "이 모든 문제에 내가 '범인'으로 관련되어 있다고? 지구온난화라는 위기의 원인까지? 그런 말도 안 되는 소리를!" 하고 화를 낼지도 모르겠다. 그렇지만 여기에서 비로소 본연의 자유인이 될 수 있다면 어떤가?

'engager'에는 '말려들게 하다, 끌어넣다' 외에 '구속하다'라는 의미가 있다. 결국 앙가주망은 자신을 상황에 구속해나가는 일이다. 이것이 왜 자유에 저촉되지 않을까. '구속'과 '자유'는 반의어인데 말이다.

우리는 '자유'에서 무엇을 연상할까? 지금까지 많은 철학자가 '자유론'을 다뤄왔다. 《자유론》을 쓴 존 스튜어트 밀[1], 《자유로부터의 도피》로 유명한 에리히 프롬[2], 그리고 사르트르도 그중 하나다. 다재다능한 사르트르의 업적은 철학뿐 아니라 《구토》를 대표로 하는 소설이나 《출구 없는 방》 등의 희곡에까지 이른다. 그러한 그의 소설 가운데 《자유의 길》이 있다. 이 책도 제목 그대로 자유를 주제로 삼는다(단, 미완이다).

---

1   존 스튜어트 밀(John Stuart Mill, 1806~1873): 19세기 철학자. 후세의 정치체제와 사회사상에 큰 영향을 미쳤다.

2   에리히 프롬(Erich Fromm, 1900~1980): 20세기에 활약한 독일의 철학자, 심리학자. 나치 독일이 집권하자 미국으로 망명해 귀화했다.

일반적으로 자유는 크게 두 가지 의미로 구분된다. 구속 등에서 해방된 상태, 그리고 자신의 의지로 행동할 수 있는 상태다. 사전에도 대개 이 '구속이 없음'과 '수의, 즉 자기 마음대로 함'이라는 의미가 실려 있다. 그렇지만 이 두 가지가 독립적으로 존재하는 것은 아니다. 구속과 수의는 대립하면서 서로 의미를 만들어낸다. 단적으로 말해 자유의 성립은 부자유를 전제로 한다.

그런데 사르트르의 자유는 전제가 필요 없는 자유다. 구속과 자유는 사르트르에게 거의 같은 말이다. 그렇기에 '저주'가 된다. 자기 마음대로 자유였다가 부자유였다가 할 수는 없다. 그는 《실존주의란 무엇인가》에서 '인간은 자유형을 선고받았다'라고 표현했다. 하지만 이 본래의 자유가 '위대함이 생겨나는 유일한 근원'이 된다.

자신을 구속하는 상황이 있고 그 안에서 선택하는 행위 중에 본래의 자유가 발휘된다. 물론 내가 자유라면 당신도 자유다. 원래 자유로울 수밖에 없는 우리에게는 타인에 대한 강요는 허용되지 않는다. 강요할 수 없다면 어떻게 해야 할까? '호소하자!'고 사르트르는 답한다.

작가는 독자의 자유에 호소하고, 독자가 자유롭게 작품 제작에 참가하기를 원한다.

《문학이란 무엇인가》

책은 작가와 독자, 양측의 행위로 이어져야 한다. 그 본질은 작가가 자신의 자유를 발견하는 자유이며, 동시에 독자라는 타자의 자유에 대한 호소이기도 하다.

'왜 이런 시대에 태어난 것일까? 왜 이 장소에 태어났을까? 왜 이런 얼굴, 이런 신체로? 그리고 왜 이런 상황에 던져진 것일까?'

이런 물음에 대한 답은 없다. 이러한 '답 없는 냉엄한 사실'이 근원적인 불안이 된다. 하지만 여기에서 자유가 발현된다. **수동적이고 우연적인 사실을 능동적이고 필연적인 행동으로 전환할 때 우리는 본래 의미로 자유로울 수 있다.**

'물건'은 불안해하지 않는다. 물건은 처음부터 물건으로 만들어져 물건으로서 사용되고 최후를 맞이한다. '물건'은 시간을 의식하지 않는다. 불안의 가능성도 전혀 없다. 그렇다면 우리 인간은 어떤가? 불안을 기피하고 싶다고 해서 물건처럼 존재하기를 바라겠는가?

'그것은 자기기만이다!'라고 사르트르는 단언한다. **자기기만이란 스스로를 물건처럼 취급하는 일이다. 자신의 자유에서 도망쳐 가능성을 감추는 일이다. 우리가 처음부터 '인간'인 것은 아니다. 자신이 놓인 상황에서 자신의 가능성을 자각하고 행동을 계속하면서 미래를 창조한다. 선택, 행동, 창조에 의해 인간은 '인간이 되는' 것이다.**

미래는 보이지 않는다. 출구도 보이지 않는다. 하지만 이런 상황에 맞닥뜨렸기에 더더욱 우리는 자유를 시험당한다. '할까, 하지 말까'의 자유는 근본적인 것이 아니다. '출구를 만들' 가능성이 우리에게 있지 않은가! 우리는 미래를 향해 스스로 자신을 던져넣을 수밖에 없다. 그러한 인간 본연의 행동이 '투기'다. (5.2투기)
편에서 이어집니다.

'나'의 가치는 얼마일까?

하나의 목표를 정하는 일, 하나의 의미를 부여하는 일. 단지 활기 넘치는 힘에 여러 방향성을 부여하기 위해서만이 아니라, 새로운 힘의 중심(복수)을 만들어내기 위해서다. 이것이 시뮬라크르의 주제다.

《니체와 악순환》

내가 복제되어 클론이 있다고 가정해보자. 나와 똑같은 신체 능력과 지력, 경력을 복제했다. 그러면 나는 내 클론과 자신을 어떻게 구분하면 좋을까? 그 힌트가 '시뮬라크르simulacre'에 있다.

'시뮬라크르'라는 말이 낯설기는 하지만 유사한 표현인 '시뮬레이션simulation'에서 추측할 수 있을지 모른다. 시뮬레이션은 모의실험 또는 흉내 내는 것을 의미한다. '시뮬라크르'도 사전적으로는 '모의 행위' '모조품'이다. 어원은 라틴어의 신들의 조각상이라는 데서도 알 수 있다. 그것은 천공에 있어 눈에는 보이지 않는 신들을 인간과 비슷한 모습으로 '해석'하고 일종의 물상화[1]하는 일이었다. 클로소프스키는 말뜻에 숨어 있는 해석에 주목해 '시뮬라크르'의 사상적 의의를 부각했다.

그는 '시뮬라크르는 하나의 방법이 아니라 하나의 힘이라는 사상, … 결정 불가능한 것 그 자체에 의해 결정된 상황 속에 있는 인간의 이상적인 모습을 다시 문제로 하는 사상이다'(《불길한 욕망Un Si Funeste Desir》)라고 서술했다. 그런데, 결정 불가능한 것 자체로 결정된 상황에서 인간의 이상적인 모습을 다시 문제로 삼는다니? 그러니까 결정 불가능한 것을 결정한다? 이것은 확실한 모순이다. 결정 불가능이란 전달 불가능이나 언어화 불가능으로도 통한다.

이 불가능성에 도전하는 피에르 클로소프스키는 어떤 인물이었을까? 그의 가족을 살펴보면 알 수 있다. 아버지 에리히 클로소프스키는 폴란드 출신의 화가였고 어머니 발라딘도 화가였다. 그리고 세 살 아래 남동생이 그 유명한 화가 발튀스[2]다. 피에르 클로소프스키도 그림에 천부적인 재능이

---

1   物象化, 인간이 형성하는 사회관계 및 그곳에 참여하는 주체가 일정한 메커니즘을 통해 마치 물질처럼 눈앞에 나타나는 현상. (옮긴이)

2   발튀스 클로소프스키(Balthus Klossowski, 1908-2001): 피카소가 '20세기 최후의 거장'이라고 칭찬한 화가로, 대표작은 〈꿈꾸는 테레즈〉다. 2019년의 경매에서는 〈벤치 위의 테레즈〉가 1900만 달러(약 247억 원)가 넘는 금액에 낙찰되었다.

있었고, 60대 후반부터 펜에서 색연필로 도구를 바꿔 그림 작업에 전념했다. 신체적인 비언어라는 언어를 표현 방법으로 선택한 것이다.

'시뮬라크르'에 대한 클로소프스키의 사상을 이해하는 데 반드시 필요한 것이 니체 이론과 바타유 이론이다. 우선 니체 이론부터 살펴보자.

글머리의 인용문에서 가장 주목해야 할 것은 '힘의 중심 (복수)'이다. 시장은 하나의 가치를 유통시킨다. 유통이 문제가 될 때, 우리 자신도 유통 가능한 물건으로 평가된다. 역할, 직함, 신분, 경력 등이 모두 '나'의 시장가치, 시장에서의 가격 결정에 이용된다. 하지만 우리는 애초에 역할이나 직함을 갖고 태어난 것이 아니다.

> 의식적 사고는 단지 그것만이 전달 가능하므로 항상 우리 자신의 가장 유용성 있는 부분만 가져온다. 따라서 우리가 가장 본질적인 것으로서 갖고 있는 것은 전달 불가능하고 유용성이 없는 파토스[3]다.
>
> 《불길한 욕망》

---

[3] pathos, 아리스토텔레스 윤리학에서 로고스와 대비되어 정동, 정념, 충동, 정열 등으로 번역된다.

아직 이름도 형태도 없는 파토스를 해방시키려는것이 니체의 의도다. '시뮬라크르'는 제어할 수 없는 파토스에, 시장가치를 따르는 척하면서 잠정적인 목표와 의미를 부여한다. 하지만 이것은 시장가치가 되지 못한다. 어디까지나 흉내를 낼 뿐이다. 흉내를 냄으로써 '시뮬라크르'는 시장가치가 우리에게 강요하는 동일성을 깨뜨리려고 한다. 그래서 물건으로서 '동일성'을 해제시키는 것은 클론이 아니다. 결정 가능한 것에 의해 제조된 클론은 '흉내'를 낼 수 없기 때문이다. 클로소프스키는 시뮬라크르를 고찰하며 니체를 '사기꾼 철학자'라고 표현한다.

이어서 바타유 이론을 참조해보자. 앞에서 소개했듯(2.4 참조) 시장가치는 '상품에 유용한 인간을 만든다'. 클로소프스키는 이것이 '전달'에도 영향을 미친다고 보았다. 우리는 '전하고 싶은 것'을 전할 수는 없다. 오히려 먼저 가치 평가되는 '전해야 하는 것'이 있고, 그러한 것밖에 언어화할 수 없다. 우리는 '전달하려는 것의 잔재밖에 전달할 수 없다'.(《유사점La Resemblance》) 그래서 '시뮬라크르'가 나설 차례다.

시뮬라크르는 전달할 수 없는 부분을 충실하게 흉내 낸다. 시뮬라크르는 우리가 한 가지 체험에 대해 알고 있는 전부이다.

《유사점》

자본과 과학이 지배하는 세상에 숨 막혀 하는 사람들이 나오기 시작했다. 자신의 클론을 사용해 최고의 자신을 위해 시뮬레이션한다. 하지만 이것은 당연히 '교체 가능'한 자신이다. 그리고 교체를 결정하는 것은 자신이 아니라 시장가치다. 그렇다면 최고의 가치라는 높은 곳에서가 아니라, '나는 가치가 없다'는 밑바닥에서부터 시작하면 어떨까. 분명 이 호소를 이해하고 마음이 움직이는 동료가 생길 것이다.

　　클로소프스키의 '시뮬라크르'는 장 보드리야르(6 특별수업)에게서 이어받아 자본주의가 초래하는 '새로운 현실hyperreal'을 밝히는 키워드다.

도덕 교사는 도덕적인 사람인가?

도덕은 본질적으로는 거부다.

《**도덕의 역설**Le Paradoxe de la Morale》

'마음의 노트'라는 것이 있다. 일본에서 초·중학교 도덕 수업을 '개선'하는 비책으로 도입된 부교재다. 이것은 많은 비판을 받았다. 미리 '착한 아이'의 기준을 마련해놓고 '착한 아이'가 되도록 유도하는 구조이기 때문이다. 생각하고 의논하는 도덕 수업을 하려면 교사들은 우선 장켈레비치의 시점을 배워야 할 것이다.

블라디미르 장켈레비치는 누구일까? 답을 찾기 위해서는 우선 "철학자란 무엇인가?"라고 물어야 할 것이다. 장켈레비치는 철학을 도식화하는 것을 싫어했다. 그리고 '○○주의'

같이 당파를 규정하는 철학을 생업으로 삼는 자를 '철학가 나부랭이'라고 비웃었다. 당파는 도식에 우리를 가둬놓고 열쇠로 잠가버리는 일이다. 게다가 이름을 내세우며 거들먹거리는 사람들과도 성격이 맞지 않았다. 인기 있는 당파에 소속되지도 않았고 시류에 편승하려고도 하지 않았다. 그에게 철학은 교실에서 이루어지는 강의만이 아니었다. 그는 종종 교실에서 나와 학생들과 함께 싸우곤 했다. 따라서 학생들에게는 무척 인기가 좋았다. 말치레만 앞세우는 앙가주망(3.3 참조)을 규탄한 투사였다. 철학자를 주인공으로 드라마를 만든다면 틀림없이 장켈레비치 같은 인물을 다룰 것이다.

그런 그의 명언 가운데 이런 말이 있다. **"나는 유행에 뒤처지는 일이 없다. 왜냐하면 유행이 되지 않기 때문이다."** 이런 그를 사람들은 '현대의 소크라테스'라고 부른다.

'도덕은 본질적으로는 거부다'라는 발언을 듣고 '그렇다면 도덕 따위 무시해도 되겠네' 하고 지레짐작해서는 안 된다. 이 인용문에는 뒤를 이어 나오는 말이 있다.

> 도덕은 자기 본위의 쾌락을 거부하는 일이다. 따라서 도덕을 거부하는 거부는 아주 일반적으로는 도덕에 기초하는 거부의 거부, 자신의 쾌락, 자신의 이익, 그리고 자기애를 단념하는 일의 거부다.

《도덕의 역설》

왜 '거부의 거부'라고 복잡한 표현을 썼을까. 핵심은 '거부할 수 있는 것이 아니면 도덕이 되지 않는다'는 점에 있다. '도덕은 거부할 수 있다'는 것을 전제로 하고 그러한 거부를 다시 거부함으로써 진정한 도덕이 된다.

그런데 왜 '도덕을 거부'하는 것일까? 대부분의 경우, 도덕적인 행위가 곤란하기 때문일 것이다. 따라서 '도덕 수업'은 될 수 있는 한 이러한 장애를 줄이고 평균치를 노려 유용성을 가르친다. 하지만 도덕에는 장애가 없어서는 안 된다. 오히려 **"장애'에도 불구하고', 그리고 분명히 장애 '덕분에' 이룰 수 있었다"**(《도덕의 역설》)고 말할 수 있어야 한다.

'거부의 거부', **'에도 불구하고'와 '덕분에'의 동거**, 이를 장켈레비치는 '도덕의 역설'이라고 표현했다. 그 밖에도 '역설'은 있지만, 이러한 측면을 잊어버리면 도덕을 말로만 실천하는 평론가가 되고 만다. 도덕이란 '착한 사람'이 되는 것을 목표로 하는 게 아니다. 도덕은 일상적인 유용성과는 완전히 별개다. 이것이 장켈레비치가 반복해서 강조한 내용이다.

앞서 말한 '마음의 노트'는 '거짓말을 해서는 안 된다'고 유도한다. 이는 사유의 번거로움을 피하는 배려라고 할 수 있다. 또 죄책감이라는 각인에 의한 강제라고도 할 수 있다.

"당신 집에 레지스탕스 단원이 숨어 있다. 그곳에 나치가 순찰을 하러 왔다. '여기에 레지스탕스가 있는가?'라는 나치의 질문에 당신은 뭐라고 답할 것인가?"

도덕을 논의할 때, 종종 이 물음을 제시한다. 이 상황에서 '거짓말을 하지 않는다'고 대답하는 사람은 소수일 것이다. 우리는 이미 나치의 소행을 알고 있기 때문이다. 하지만 이 정도로 명명백백한 악과 마주하는 경우는 사실 그렇게 많지 않다. 대개는 '거짓말을 할까 말까'를 스스로 판단해야 한다. 게다가 한번 판단하면 무를 수 없다. 장켈레비치는 다음과 같은 베르그송(3.4 5.5 6.5 참조)의 문구를 인용했다.

사유하는 인간처럼 행동하고, 행동하는 인간처럼 사유하라.

《덕에 관하여I Traité des Vertus I》

이것이 도덕의 진수다.

도덕 교과서의 미심스러운 면은 어디에 있는 것일까. 단적으로 '말뿐'이라는 데 있지 않을까. 즉 '도덕을 말하는 그 본인의 행동이 어떠한가?' 하는 점이다. **'중요한 것은 화려하고 재치가 있으며 말솜씨가 좋은 게 아니라, 정말로 행동하는 것이다.'**(《덕에 관하여 I》)

도덕 교사가 되어서는 안 된다. 교재만 가르치는 사람, 혹은 교재대로 하는 사람은 자신의 의무를 포기한 위선자가 되고 만다. 장켈레비치의 행동은 항상 자유에서 소외된 약자를 위한 것이었다. 그러한 약자를 그는 '이웃'이라고 표현한다. 그렇다면 우리가 목숨을 바칠 수 있는 이웃은 누구일까?

가족인가 친구인가, 아니면 아이들인가.

　장켈레비치에게는 '죽음'과 '사랑'도 중요한 주제였다. 그의 저서 중에는 《죽음La Mort》《죽음이란 무엇인가Penser la Mort》가 있다. 여기서 인용한 《덕에 관하여 I》은 3부로 구성된 명저인데, 속편인 《덕에 관하여 II》의 부제가 '덕과 사랑'이다.

함께 살아간다는 것은? Ⅰ

우리 자신이 그러한 미지의 것을 드러내고, 엄밀히 말해 우리
가 혼자서는 체험할 수 없는 우리 자신의 고독과의 만남을 나
타내는, 우애란 그런 것이다.

《밝힐 수 없는 공동체 / 마주한 공동체》

'함께 살아간다'. 코로나 사태를 겪으며 자주 들은 이 문
구가 최근에는 일종의 긴장감을 갖게 한다. 특히 불교인들에
게서 경고와 비슷한 메시지가 나오기 시작했다. 불교, 특히
정토종에서는 '공생共生'을 '함께 살아가기'로 의식하며 중히
여긴다.

'공생인가, 아니면 절멸인가?' 하는 절박감도 있다. 철학
에서는 '**공동체론**'이 이 상황을 해결하는 실마리가 될 것이다.

그 대표적인 인물이 모리스 블랑쇼다.

'공동체'와 비슷하면서도 다른 단어가 있다. 바로 '사회'
다. 루소(1.5 참조) 등에게는 '자유로운 주체의 계약'이 사회의 기
초가 된다. 특히 루소는 '자연 상태'인 인간을 이상으로 여기
고 문명으로 오염된 인간을 '사회 상태'로서 대치시켰다. 즉
'루소에게 사회란 공동적인 친밀감의 상실 또는 쇠퇴로서 재
인식되는 곳'(《무위의 공동체》)이다. 그는 '계약'이 발생하기 전
의 자연스럽고 친밀한 관계를 고찰했다.

한편으로 서양에는 전통적으로 '사회는 자유로운 개인
끼리 맺은 계약에 의해 성립되며, 공동체는 문명화 이전부터
내려오는 폐단이다'라는 사고관이 있다. 불문율이나 분위기,
'촌락 사회' 같은 결속 관계가 공동체이며, 이는 보수적이고
폐쇄적인 것이라고 배척당한다.

루소의 사고도 전통적인 사고도, 공동체는 사회화에 의
해 '잃어간다'. 그러나 장뤼크 낭시는 이러한 사고관을 부정
했다.

공동체는 사회가 파괴한 것, 사회가 상실한 것일 뿐 아니라 사
회로부터 발생해 우리에게 일어나는 무언가(물음, 기대, 발생한
일, 명령)다.

《무위의 공동체》

블랑쇼는 낭시의 논의를 이어갔다.

블랑쇼가 주장하는 공동체론의 근간에는 '우애'가 있다. 이 발상은 바타유(2.4 5.4 6.6 참조)의 공동체론을 이어받았다. 그는 블랑쇼의 생애에서나 사상에서 빼놓을 수 없는 인물이다. 바타유가 세상을 뜨자 블랑쇼는 그에게 '우애'라는 문장을 바쳤다.

> 서로를 분리하는 것, 사람을 진정으로 연결하는 것, 관계의 심연 그 자체, 거기에 우애 넘치는 확언의, 항상 같은 상태로 유지된 이해관계가 있다.
>
> 《우애 L'amitié》

처음 '우애'가 철학의 영역에서 주제가 된 시기는 플라톤까지 거슬러 올라간다. 그렇지만 플라톤을 비판하면서 뒤를 이은 아리스토텔레스의 우정론이 일반적이다. '우애'란 선인인 두 사람이 상대를 위해 선을 추구하고 실천함으로써 성립한다. 따라서 우애를 성립시키는 자는 탁월한 인간이어야 한다. 우리가 보고 듣는 우정 이야기 중 대다수는 같은 역량, 같은 신념, 같은 사상이 있어야 성립한다. '악인은 범속은 물론, 우정과 무관하다'는 우정관이 널리 퍼져왔다. 하지만 바타유는 이러한 사고방식에 이의를 제기했다. '우애'는 절친한 친구 사이에서만 일어나는 감정이 아니다. 공동체는 오히려 서로통하는 점이 전혀 없는 인물들과의 '우애'를 조건으로 한다.

이 죄인에게 나는 공포와 우정의 연대로 단단히 연결되어 있
었다.

《죄인》

'우애'는 동종, 동등의 관계가 아니라 오히려 '서로가 떨어져 있는'
사이에 성립해야 한다. 이것이 본래 공동체의 전제다. 이는 '커뮤
니케이션'에서도 적용된다.

'커뮤니케이션'은 프랑스어로 'communication'이고 '공
동체'는 'communauté'다. 두 단어의 어원은 같은 라틴어
'communis(서로 이해하다)'다. 커뮤니케이션은 어원으로 봐도 공동체
의 열쇠가 된다. 블랑쇼는 이 아이디어도 조르주 바타유에게서
이어받았다.

너라는 존재는 너를 합성하고 있는 수많은 요소를 그들 요소
사이에 강력한 교감(커뮤니케이션)과 결합하는 작용에 기반을
두고 있다.

《내적 체험L'expérience Intérieure》

'커뮤니케이션'은 일반적으로 '전달'이라고 번역되지만
바타유의 세계관에서는 '교감'이다. 전해야 하는 메시지가 있어야
성립하는 것이 '전달'이다. '교감'에는 그러한 메시지가 필요 없다. 다른
공간에 있는 모르는 사람과 서로 감정을 주고받는 것이 '우애의 커뮤니

케이션'이다.

블랑쇼가 제시하는 '우애'는 '귀속'과 대비시킴으로써 의미가 더욱 명확해진다. 우리가 소속된 회사, 집단, 그리고 사상. 확실히 귀속은 우리를 안심하게 한다. 동시에 귀속 의식에는 보전과 배타가 필연적으로 포함된다.

이러한 귀속 의식이 블랑쇼가 살아간 20세기에 두 가지 큰 '주의(ism)'를 만들어냈다. 코뮤니즘communism과 파시즘fascism이다. 국가 규모의 귀속자를 만들어내고 시대를 풍미한 두 사상의 영락한 말로는 새롭게 확인할 필요가 없는 것일까.

그래서 블랑쇼나 바타유는 궁리한다. 공동체를 생각하는 것은 귀속할 장소를 찾는 일이 아니다. 생각해야 할 것은 '공동체를 이루지 못한 사람들의 공동체'다.

공동체란 자신을 잊는 경지에 이르러야 하는 것도 아니고 그 구성원을 높인 일체성 안에서 해소해야 하는 것도 아니다.

《밝힐 수 없는 공동체 / 마주한 공동체》

앞으로 요구되는 것은 동포를 늘리는 것일까? 아니면 블랑쇼를 비롯한 철학가들이 가르쳐 보여준 '우애의 커뮤니케이션'일까? 그것은 미지의 타인과 교감하는 일이며 미지의 타인에게 호소를 계속하는 일이다. 그리고 미지의 자신과 끊임없이 관계하는 일일 테다.

'내가 글을 쓰고 있는 상대'는 내가 알 수 없는 사람이며 미지의 사람이다. 그리고 미지의 사람과의 관계는 글쓰기를 통한 것이라 할지라도 나를 죽음 또는 유한성에 노출시킨다. 이 죽음 안에는 죽음을 진정시킬 것은 아무것도 존재하지 않는다. 그렇다면 그때 우애는 어떻게 될까. 우애, 친구가 없는 미지의 사람에 대한 우애. 혹은 우애가 글쓰기를 통해 공동체를 부른다면 우애는 배제될 수밖에 없다.

《밝힐 수 없는 공동체 / 마주한 공동체》

친구들을 향한 메시지는 '친구'에게서 온 메시지로 읽혀서는 안 된다. 그렇게 하면 속이는 것이 된다. 이름이 명기되어 있는 한, 이 속임수는 피할 수 없다. 친구들은 어디의 누구에게서 왔는지도 모르는 무명의 메시지로 읽어야 하는 것이다. 그렇지 않다면 메시지를 쓴 친구를 굴욕스럽게 만드는 일이 된다.

'공동체를 이루지 못한 자들의 공동체'는 연대가 희박해지고 단절된다. 기술 발달이 이를 가속하고 있다. 공동체에 대한 귀속 의식과 향수가 이러한 상황을 늦추는 수단도 될 수 없을 것이다. 앞으로는 **'공동체'를 이루지 못한 사람들과의 '우애의 커뮤니케이션'**이 요구될 것이다.

이 공동체론에는 중요한 철학자가 또 한 명 있다. 장뤼크 낭시다. 함께 살아간다는 것에 대해서는 4.6에서 마무리하겠다.

낭시 : 죽음

함께 살아간다는 것은? II

공동체란 그 '구성원'에게 그들이 언젠가는 죽게 된다는 진실을 제시하는 것뿐이다. 즉 죽지 않는 자들의 공동체 같은 건 없다는 뜻이다.

《무위의 공동체》

2011년 동일본대지진이 몰고 온 거대한 쓰나미는 1만 4000명이 넘는 목숨을 단번에 집어삼켰다. 그중에서도 미야기현 이시노마키 시립 오카와 초등학교의 비극[1]에 마음 아파한 사람이 많았다. 이렇게 전혀 모르는 사람의 죽음이 사람들과의 유대를 다시 한번 확인시키는 경우가 있는 반면, 가족의

---

1   전교생 108명 가운데 74명이 사망하거나 행방불명되었다. (옮긴이)

죽음을 접할 기회는 점점 줄어들고 있다. 그리고 코로나 팬데믹도 있다. 여기에 의의가 있다면 '죽음'이 가장 인간적인 주제라는 사실을 통감하게 한 일일 것이다.

'투 푸이 에고 에리스Tu fui, ego eris.' 라틴어 학습자라면 이 짧은 문구를 가장 먼저 배운다. 번역하면 '나는 너였다. 너는 내가 되겠지'라는 뜻이다. 이는 누군가의 묘비명으로 알려져 있는데, '죽은 자는 원래 산 자였다. 산 자도 언젠가는 죽은 자가 된다'라는 지극히 당연한 의미다. 그런데 이것을 무덤 앞에서 읽는 데는 이유가 있다. 마찬가지로 라틴어의 '메멘토 모리memento mori'도 떠올릴 수 있다. '죽음을 생각하라'는 뜻의 이 경구는 코로나 위기 전부터 자주 듣던 말이다. 그렇지만 코로나 팬데믹을 거쳐 한층 더 절박감이 느껴진다. '인간이란 무엇인가?'에 대한 답은 수없이 많다. 그중 '인간은 자신이 죽는다는 것을 알고 있다'는 답에 '함께 살아간다'에 대한 실마리가 있다.

블랑쇼(4.5 참조) 부문에서 소개한 공동체론은 바타유(2.4 5.4 6.6 참조)를 계승하는 이론이다. 그러나 이 배턴은 우선 낭시에게 건네졌고, 블랑쇼가 이어받았다. 그들이 주장하는 공동체론의 핵심을 순서대로 살펴보자.

우선 바타유부터.

"사람들의 사적인 삶은 하찮음을 숙명으로 하고 있다. 하지만 공동체는 죽음의 강도가 높지 않으면 존속할 수 없다."(《유용성의 한계La

다음은 낭시.

"공동체는 타인의 죽음에서 드러난다. 공동체는 그렇게 언제나 타인에게 드러난다. 공동체는 항상 타인에 의해, 타인을 위해 생성되고 유지되는 것이다. 그것은 많은 사람의 '자아(즉 불사의 주체이며 실체)'의 공간이 아니라 항상 타인인, 여러 '나'의 공간이다."(《무위의 공동체》)

마지막으로 블랑쇼.

"공동체가 타인의 죽음에 의해 드러나는 것은 죽음이 그 자체, 죽게 되어 있는 사람들의 공동체이기 때문이다."(《밝힐 수 없는 공동체/마주한 공동체》)

세 사람이 강조하는 것은 단순 명쾌한 사실이다. 우리 삶이 유한하다는 것이다. 즉 우리가 언젠가 죽게 되어 있는 존재라는 사실이다. 이를 가르쳐주는 것은 타인이다. 타인이란 가족이며 친구이고, 물론 전혀 모르는 남도 포함한다. 그리고 공동체는 국가와 사상, 또는 자아같이 불사不死인 것을 위해 존재하는 것이 아니다. 그런데 지금 우리는 어떠한 '죽음'을 접하고 있을까?

석가모니의 제자 가운데 고타미라는 여성이 있었다. 그는 자신의 한 살배기 아들이 죽었을 때 석가모니에게 아들이 살아 돌아오게 해달라고 간절히 청했다. 석가모니는 고타미에게 "그렇다면 하얀 겨자씨를 한 알 얻어 와라. 단, 한 번도 장례를 치른 적이 없는 집의 겨자씨여야 한다"라고 말했다. 겨자씨는 어느 집에나 있다. 하지만 죽은 자가 없는 집은 그 어디에도 없다. 고타미는 결국 겨자씨를 얻지 못한 채 몇 년 후 돌아왔다.

'공동체는 사회가 파괴한 것, 사회가 상실한 것일 뿐 아니라 사회에서 일으켜서 우리에게 일어나는 무언가(물음, 기대, 생긴 일, 명령)다'(《무위의 공동체》)라는 말은 블랑쇼(4.5 참조)도 인용한 낭시의 선언인데, 공동체는 분명 '물음, 기대, 생긴 일, 명령'이다. 공동체는 불사의 무엇인가로 귀속시키는 것이 아니다. 죽게 되어 있는 것이라는 유한성이 공동체의 전제가 된다.

이러한 유한성을 통감하게 하는 것은 준비된 죽음과 멀리 떨어진 죽음이 아니다. 오히려 느닷없이 들이닥친 죽음이다. 자연사, 천재지변에 의한 죽음, 그리고 재난으로 인한 죽음이다. 이렇게 죽음에 노출되는 것은 죽은 자가 아니다. 살아 있는 우리 자신이다. 그리하여 우리는 인간으로서 할 수 있는 일을 스스로 묻고, 기대하고, 명령한다. 그것이 '죽음'을 매개로 한 '커뮤니케이션'인 것이다.

> '커뮤니케이션의 기반'이 반드시 언어인 것은 아니다. … 그것은 자신을 죽음에 드러내는 것, 그것도 자신의 죽음이 아니라 타인의 죽음에 드러내는 일이다.
>
> 《밝힐 수 없는 공동체 / 마주한 공동체》

죽은 자들의 메시지에 귀를 기울이는 사람은 새로운 시대를 향해 움직일 수 있다. '죽음'을 소홀히 여기는 자의 말로는 두말할 필요도 없으리라.

라캉 : 대타자

무의식이란 어떤 세상일까?

'대타자'는 주체를 속이기 위해 그 자신을 대상으로 꾸며 주체
자신을 무력하게 한다.

《에크리》

'무의식적으로 발언한다', '무의식적으로 발길을 옮긴
다', '무의식적으로 위반한다' 등 우리는 특별히 신경 쓰지 않
고 일상적으로 '무의식'이라는 말을 사용한다. 사전에서 찾아
보면 '자신의 언동이나 상태 따위를 스스로 깨닫지 못하는 일
체의 작용' 또는 '자각이 없는 의식의 상태'라고 명시되어 있다.

실제로 '무의식'이란 어떤 세계일까? 그것을 해석하는
'대타자大他者'란 무엇일까? 자크 라캉의 사상을 살펴보자.

자크 라캉을 알기 위해서는 먼저 프로이트를 알아야 한

다. 정신분석학의 창시자로 잘 알려진 지크문트 프로이트 Sigmund Freud와 같은 세대 인물로는 마르크스, 니체, 다윈이 있다. 그들은 서양 사상이 토대로 삼아온 것, 이를테면 '자기', '이성', '인간', '세계', '사회' 등이 절대 불변이 아니라는 사실을 폭로했다. 프로이트의 가장 유명한 업적 가운데 하나가 '무의식'일 것이다. 그 밖에도 오이디푸스 콤플렉스나 '에고(ego, 자아)' '이드(id, 무의식)' '슈퍼에고(super-ego, 초자아)' 등 낯익은 용어도 많다. 프로이트는 환자들의 히스테리나 트라우마 등을 치료하면서 '무의식'의 존재를 확신하고 철저히 연구했다. 그렇게 해서 정신분석이라는 새로운 마법과 사상을 확립했다.

'프로이트로 돌아가라'를 모토로 하는 라캉의 사상에는 또 한 명의 중요한 인물이 있다. 바로 소쉬르(1.2 2.6 4.1 참조)다. 소쉬르의 언어론은 라캉의 무의식론에 활용되었다. 다시 말해 **의식은 언어에 의해 구조화**되었다는 것이다.

언어에 의한 무의식의 구조화를 해명하는 시점도 많은데, 그 가운데 하나가 '대타자'다. 무척 특이한 용어지만 프랑스어로는 'l'Autre'라고 간단하게 쓴다. 즉 '타인'을 의미하는 'autre'에 정관사를 붙이고 대문자로 시작한 것뿐이다. 이렇게 해서 당연히 소문자로 시작되는 'l'autre'와 구별되며, 이는 편의상 '소타자'라 부른다.

왜 이렇게 구분해서 사용하는 것일까? 여기에 '무의식'이 관여한다. 라캉은 현실적인 개인으로서 타자를 '소타자'

로, '무의식'에서 현실의 우리를 지배하는 타자를 '대타자'로
제시한다.

이 형식적인 설명으로 '대타자'가 무엇인지 명확하게 전
달되지 않을 것이다. 문제는 라캉의 전문 분야가 정신분석이
라는, 우리에게는 '비일상' 영역이라는 사실이다. 아무리 시대
배경이 달라도 소크라테스의 철학 대화나 몽테뉴(2.1 참조)의 회
의는 우리의 일상과 밀접하다. 라캉의 이론이 난해하다는 증
거 중 하나로 정신분석에 대한 체험을 읽는 사람이 적다는 점
을 들 수 있다. 그래서 슬라보예 지젝[1]의 힘을 빌리고자 한다.

〈지젝의 기묘한 영화 강의〉라는 다큐멘터리 영화가 있
다. 지젝이 〈매트릭스〉〈새〉〈엑소시스트〉〈에일리언〉 등 영
화사에 이름을 남긴 대작에 숨겨진 이데올로기를 폭로하는
내용이다. 그는 라캉의 정통 후계자에게 사사하고 '실재계·
상징계·상상계', '대타자', '거울단계'[2] 등 난해하기 짝이 없는
개념으로 구성된 라캉 철학을 영화와 오페라 같은 문화를 해
석하는 데 응용하여 현대 사상의 총아가 되었다.

그는 '대타자'에 대한 이러한 에피소드를 소개한다.

이미 수십 년 전부터 라캉파 사이에서는 '대타자'의 지식이 지

---

1 슬라보예 지젝(Slavoj Zizek, 1949~): 슬로베니아 출신의 철학자이자 정신분석가.
2 stade du miroir, 생후 6개월에서 1년 6개월에 이르는 유아의 발달단계. (옮긴이)

닌 중요한 역할을 예증하는 고전적 농담이 유포되고 있다. 자신을 곡물의 씨앗이라고 믿는 남자가 정신병원을 찾았다. 의사들은 그에게 그가 씨앗이 아니라 인간이라는 사실을 열의를 다해 이해시켰다. 그는 치유되어 퇴원했지만 곧 떨면서 병원으로 돌아왔다. 밖에 닭이 있고, 그는 자신이 잡아먹히지나 않을까 공포에 떨고 있었다. 의사가 말한다. "이보게, 자네는 씨앗이 아니라 인간이라는 사실을 잘 알고 있지?" 환자가 대답한다. "물론 저는 알고 있어요. 하지만 닭은 그 사실을 알고 있을까요?" 여기에 정신분석 치료의 중요한 핵심이 있다.

《HOW TO READ 라캉》

'나는 알고 있다. 하지만 닭은 그 사실을 알고 있을까?' 여기에 무의식이 우리를 지배하는 대타자의 위력이 나타난다. 대타자가 언어활동의 산물이라는 증거이기도 하다. 만약 닭이 말을 알아듣는다면 "너는 내가 씨앗이 아니라는 사실을 알고 있니?" 하고 물어볼 수 있다. 그러면 '씨앗'에서 해방될 것이다. 그러나 대타자는 무의식적으로 언어를 이용해 주체의 대상으로 바뀌어버린다. 그렇다면 이 환자는 의식으로 '인간이라는 사실'을 이해해도 무의식으로는 '씨앗이라는 상태'를 욕망하고 있는 것이다.

그러면 현실에서 지금 '자신이 욕망하는 것'이 사실은 무의식중에 우리를 지배하는 '대타자가 욕망하고 있는 것'이라면? 우리가 언어활동을 하는 한, '대타자'에서 벗어날 수는 없다. 이 문제를 '신경증자의 일상'으로 여겨야 할까, 아니면 '비신경증자의 비일상'으로 생각해야 할까? 오늘날 소셜 미디어에서는 '대타자'가 마치 악귀처럼 되어가는 듯한 인상을 받는다. 이미 모두가 신경증자인지도 모른다.

보부아르 : 자기

'나답게'는 무엇을 의미하는가?

인간은 스스로의 진실 안에 있다. 하지만 이 진실은 끊임없이 시작되고 정지되는 투쟁의 진실이며 한시도 쉬지 않고 자기를 극복하기를 인간에게 요구한다.

《제2의 성》

'자아 찾기'. 자신의 천직이나 사명, 또는 진정한 자신을 추구하는 심리다. 한때 유행한 이 문구는 최근 들어 '자아 찾기는 바람직하지 않다'라는 국면으로 들어선 듯하다. 하지만 '나답게'는 여전히 인기 있다. '있는 그대로'는 한층 더 높은 인기를 구가하고 있다. 그런데 여성 철학자 보부아르는 "나답게, 있는 그대로? 그런 건 초월해서 나아가라!"라고 격려했다.

'여성은 여성으로 태어나는 것이 아니라 여성으로 만들어지는 것

이다.' 시몬 드 보부아르의 주요 저서 《제2의 성》을 언급할 때 이 문구가 함께 따라 나온다. 그녀를 소개할 때 이 구절을 빼놓을 수 없을 것이다. 이 문구를 내건 보부아르는 여성해방운동의 견인자라는 이미지가 강하다.

'여성은 여성으로 태어나는 것이 아니라 여성으로 만들어지는 것이다'라는 문장은 《제2의 성》에서 다음과 같이 해설되어 있다.

> '여성다운' 여성의 기본적 특징으로 보이는 수동성은 아주 어릴 때부터 여성 속에서 길러지는 특징이다. 하지만 그것을 생물학적 조건이라고 주장하는 것은 잘못이다. 실제로 그것은 교육에 관련된 자들이나 사회에서 강요되는 운명이다.
>
> 《제2의 성》

현대의 중요한 주제의 하나인 '젠더gender'도 여기서 시작된다. '섹스'는 생물학적 조건이며 '젠더'는 '사회에서 강요된 운명'이다. 이 이론이 '보부아르 하면 곧 페미니스트'라고 생각하게 한 근거지만, 그녀는 페미니스트도 아니고 그렇다고 반페미니스트도 아니다. 무엇보다 실존하는 철학자다. 그녀는 여성해방을 선도하는 것이 아니라 여성을 뒤흔들어 눈을 뜨게 했을 뿐이다. 그것은 지성 있는 남성을 동요시키는 일이기도 했다.

보부아르와 사르트르에게는 그 관계에서 추측할 수 있듯 공유 개념이 많다.(3.3 상황 4.2 자유 5.2 투기 등) 떼려야 뗄 수 없는 두 사람이기는 하지만 철학적 시점이나 메시지의 무게에 성 차이가 존재하는 것은 자연스러운 일이다. 특히 여성의 사회적 상황과 결혼 등에서 나타나는 남녀 관계에 대한 통찰력은 당대 최고다. 그 예가 '자기 소외'와 '소유'다. 여성인 보부아르에게 '자기 소외'는 사회가 요청하는 여성의 '소외'이며 '소유'는 남성에 의한 여성의 '소유'다. 자기 소외란 자기 이외의 것, 즉 여성에 있어서는 남성에게 예속하는 일이다. 이러한 예속을 스스로 원하는 여성은 거의 없을 것이다. 하지만 사회는 자각하지 못한 채 여성을 물건처럼 취급하곤 한다. 여성이 자유를 원할 때, '여성'을 버려야만 한다. 이것이 《제2의 성》의 핵심이다.

'여성다움'이 있으면 '남성다움'도 있다. 하지만 '여성 일반을 말하는 것은 영원한 남성을 말하는 것과 마찬가지로 무의미'(《제2의 성》)하다. 그리고 두 개의 '다움'은 '자신다움'이나 '인간다움'으로 연결된다. 《제2의 성》 대부분은 '여성'을 설명하는 데 할애되었다. 하지만 요소요소에서 그녀는 시점을 여성에서 인간으로 되돌린다. 그녀의 저서에서 인간의 정의를 인용해보자.

인간은 두 가지 방법으로 세계에 현존하고 있다. 인간은 물건이다. 타인의 초월성에 추월당하는 여건이다. 그리고 또한 인간은 자신이 미래를 향해 몸을 던지는 초월성이기도 하다.

《모든 사람은 혼자다》

인간이 인간으로 살기 위해서는 자신의 자유에서 도망치지 않고 끊임없이 자기를 넘어서야만 한다. 철학 내에서의 '초월'에는 다양한 의미가 있지만 실존하는 철학에서는 '자신을 뛰어넘는 것'을 의미한다. '초월'과 함께 이야기되는 개념이 '내재'이며, 이는 물건화되어버린 자신에 머무는 것이다. 우리가 여성이든 남성이든 '다움'이라는 안정된 상태에 머무는 한 자기실현이 이루어질지는 의심스럽다. 사르트르를 언급할 때도 소개했지만 불안은 자유의 증거다.

인간은 불안을 통해 자신이 유기되었다고 느낀다. 자신의 자유, 주체성으로부터 도망쳐 … 물건으로서 고정되고 싶어 하는 것이다.

《제2의 성》

항상 자기를 초월하는 인간에게만 자신에 대해 이야기하는 것이 허용된다. 그리고 자기가 되는 것은 먼저 요구되지 않는다. 나중에서야 겨우 알게 되는 것이다.

그런데 보부아르의 질타로 모든 여성이 각성한다면 어떻게 될까? 사태는 반전된다. 즉 남성이 여성에게 의존하게 될 것이다. 하지만 그것은 일방적 러브콜에 그치는 의존이다. 진짜로 가련해지는 것은 남성이다.

여성은 남성이 신체적으로 소유할 수 있다. 자신과는 다른 모습을 한 자신의 신격화이므로 남성에게 최고의 포상이다.

《제2의 성》

언젠가 여성이 자신을 초월하는 시대가 올 것이다. 그때 남성은 무엇을 소유할 수 있을까. '신격화한 여성'을 살아 있는 인간이 아니라 '물건'에서 찾고 느끼는 남성은 과연 어떻게 자신을 초월해나갈 것인가?

혼자서 자기 실현을 하지 못하는 인간은 동료와의 관계에서도 끊임없이 위기 상태에 있다.

《제2의 성》

언제 어디에선가 남성에게 '제2의 성'이 희구될지도 모른다.

아이덴티티의 수난

요즘은 신분증이 없으면 해외에 갈 수도 없고 각종 신청도 할 수 없다. 학교에도 갈 수 없다. 가까운 장래에 '안전 사회'를 만든다는 명목으로 바코드 같은 것을 몸에 심게 될지도 모른다. 그래서 우리의 행동과 사상이 관리되고 조종된다면 어떨까? 실제로 가축은 그렇게 되어 있다. 그렇게 되면 우리의 아이덴티티identity은 어떻게 될 것인가?

폴 리쾨르Paul Ricoeur라면 "뭐, 만에 하나 그렇게 된다고 해도 문제없잖아?" 하고 대답할 것이다. 원래 '나'라는 주체는 연약한 특성을 지니고 있다면서.

폴 리쾨르는 독일의 철학자 한스게오르크 가다머Hans-Georg Gadamer와 함께 해석학의 2대 거장으로 알려져 있다. 가브리엘 마르셀(1.6 6.7 참조)과 카를 야스퍼스[1]에게서 실존철학을,

---

1   카를 야스퍼스(Karl Jaspers, 1883~1969): 하이데거와 나란히 실존철학을 대표하는
     독일의 철학자.

에드문트 후설Edmund Husserl에게서 현상학을 흡수하고, 나아가 독자적인 해석학으로 승화했다. 주요 저서 중 하나인 《시간과 이야기》에서는 시간과 이야기의 순환적 관계를 분석했다. 여기서 소개하는 《타자로서 자기 자신》은 자기 연마의 비법이라고도 할 수 있는 '자기의 해석학'에 대한 책이다.

우리는 왜 아이덴티티를 추구하는가?

자기동일성의 두 가지 모델을 구별할 수 있게 이끄는 실마리가 없어지면 인격적 자기동일성 문제는 난제와 역설의 미로에 빠지게 될 것이다.

《타자로서 자기 자신》

'아이덴티티', 즉 '자기동일성'은 '자기성'과 '동일성'으로 나눌 수 있다. 이 두 모델의 혼란이 아이덴티티 문제를 궁지로 몰아넣는다. 이 두 분류는 '나는 누구인가?'라는 물음과 '나는 무엇인가?'라는 물음에 대응한다. '동일성'이란 '나는 무엇인가?'에 대한 답변이다. 예를 들면 신분증명서에 기재된 사항에서 형식상의 항상성이다.

반면 '나는 누구인가?'에 답변하는 것이 '자기성'이다. 이 '누구인가?'라는 측면은 항상 회의懷疑에 노출되어 있다. 우리는 시시각각 변화하는 상황에 놓여 있기 때문이다. 그 가운데 '나'라는 행위자도 어쩔 수 없이 변화하게 된다. '어제의 나는

오늘의 나일까? 회사에서의 나는 가정에서의 나와 같을까?'

그러나 이러한 회의의 부정적 작용에 무너져서는 안 된다. 오히려 끊임없이 부상하는 회의가 있기에 '그때마다' 우리는 행동을 새롭게 할 수 있다. 이렇게 해서 '나는 누구'인지 증명할 수 있는 것이다.

리쾨르는 가브리엘 마르셀이 자택에서 개최한 정기 공부 모임에 참여했다[2]. 따라서 두 사람이 공유하는 주제도 많다. '약속'과 '성실함'도 포함된다. 무엇보다 리쾨르는 '내가 성실하려고 하는 것은 타자에 대해서다'라고 주장한다. 이 성실함은 타자와의 약속을 배신하지 않는 일이다. 그리고 이러한 성실함은 '고난을 겪는 타자'와의 관계에서 두드러진다.

인간은 행동하고 고난을 겪는다. … 고통은 자기의 완전성에 대한 침해로 느껴지는 행동 가능성의 축소나 폐기에 의해 정의된다. … 타인의 고통을 나눠 지는 공감에 있어, 처음에는 타자의 행동력보다 강한 행동력을 지닌 자신은, 고생하는 타인이 보답으로 주는 것에 영향을 받는다.

《타자로서 자기 자신》

---

[2]   그 분위기는 《대화 폴 리쾨르, 가브리엘 마르셀(Entretiens Paul Ricoeur-Gabriel Marcel)》에서 엿볼 수 있다.

'나는 누구인가?'에 대한 대답은 '내가 하겠다!'는 적극적 측면만으로는 성립하지 않는다. 이 측면만으로는 결국 난제와 역설의 미로에 말려들고 만다. '왜 나인가?'가 반드시 필요하다. 이 물음에 답하는 것이 '고통받는 타자'로부터의 수동성이다. 즉 '내가 고민을 들었기 때문에'가 답이 된다. '나'를 행동하게끔 독촉하는 타자의 고통을 고려함으로써 '나는 누구인가?'는 미로에서 벗어날 수 있는 것이다.

앞서 소개한 인용에서는 사실 '자기동일성의 두 모델을 구별할 수 있게 이끄는 실마리가 없어지면' 바로 뒤에 이어지는 설명을 일부러 제외했다. 그 설명은 '이야기의 매개라는 도움이 없었다면'이다.

'이야기'는 '고통받는 타자'의 목소리를 듣는 데서 시작된다. 동화나 전설에서도 이러한 사례를 흔히 찾아볼 수 있다.

물론 이야기의 주인공은 우리 개개인이다. 시작은 '수동형'이다. 그러나 그 목소리를 받아들여 행동으로 옮긴다는 점에서 결과는 180도 달라진다.

주인공은 결코 남이 시켜서 하지 않는다. 자기 스스로 '내가 하겠다'고 나서는 것이다. 그리고 주인공은 '약속'을 지키려고 온갖 역경과 고난을 극복해나간다. '이야기'를 통해 상황에 대처하고 변화하면서 한층 더 '약속'에 성실한 자신으로 마주한다는 것을, 우리는 타자에게 꾸준히 증명해야 한다.

신분증명서와 같은 동일성에 의한 아이덴티티로는 그것

이 얼마나 정밀하든, 그것이 어디에 있든 '나는 누구인가?'라는 물음에 답할 수 없을 것이다. 더 중요한 것은 이야기를 통해 시작되는 자기성에 의한 아이덴티티다. 리쾨르는 이를 '이야기적 자기동일성'이라는 개념으로 설명했다.

신분증으로 결혼 상대를 고를 수 있을까? 신분증으로 결혼 서약을 할 수 있을까? 아니다. 그것은 '나는 누구인가?'를 이야기함으로써 가능하다. 결혼 서약은 그날부터 영원히 계속되는 것이다.

그리고 이야기에는 또 다른 기능이 하나 더 있다. 그것은 리오타르(5 특별수업)에서 설명할 것이다.

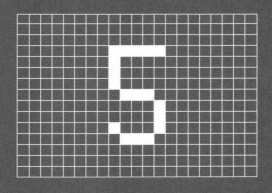

다섯 번째 수업

◆

재생의 시점

시대는 무엇을 요구하는가? 아직 그 물음이 보이지 않는다.
'인간은 무엇인가?'에 대한 답이 나오지 않았다.

시대의 목소리를 듣고
인간을 부활시키는 데 도움이 되는 시점.

5.1

메를로퐁티 : 시선

어디를 보고 있는 거야?

화가와 보이는 세계 사이에는 불가피하게 역할이 뒤바뀐다. 그렇기에 많은 화가가 사물이 자신에게 눈짓하고 있다고 말한 것이다. … 이미 무엇을 보고 무엇이 보이는지, 무엇을 그리고 무엇이 그려지는지 알 수 없을 정도로 구분하기 어려운 능동과 수동이 존재한다.

《눈과 마음》

"어디를 보고 있는 거야?" 우리는 대부분 아무런 의구심 없이 이 말을 순순히 받아들일 것이다. 그러나 왠지 개운하지 않다. 그런데 외국인 친구와 이야기하다가 그 원인을 알아차렸다. '본다'는 것은 본래 '무언가'를 보는 것이다. '어디'가 이상했던 것이다. 그러고 보니 영화 〈귀여운 여인〉의 주인공 비비안은 "What are you looking at(당신 뭘 보고 있어요)?"이라고 말한다. 'where(어디)'가 아니라 'what(무엇을)'이다. 문법적으로는 "뭘 보고 있어?"가 옳을 것이다. 하지만 이 또한 개운하지 않다. "어디?"인가 "무엇?"인가? 메를로퐁티의 '시선'론으로 확실히 알아보자.

'뮐러리어 착시Müller-Lyer illusion'라는 유명한 문제가 있다. 독일의 심리학자 프란츠 카를 뮐러리어Franz Carl Müller-Lyer가 고안한 것으로, 누구나 한 번쯤은 본 적이 있을 것이다.

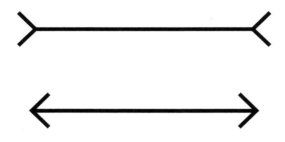

이것은 착시이므로 '실제 어떤 것이 더 긴가'라는 질문에 대한 답은 없다. 분명히 객관적으로 보면 위아래 양쪽 직선의 길이는 같다. 하지만 메를로퐁티는 '객관적으로 보면'이라든가 '사실은'이라는 의미보다는 위쪽 직선이 더 길게 보이는 경험을 중시한다.

뮐러리어 착시에서 두 개의 직선은 같지도 다르지도 않다. 이러한 양자택일 문제는 객관적 세계에서만 발생한다. 시야라는 것은 서로 모순되는 개념이 교차하는 독특한 환경이며 시야 안에서는 비교 가능한 객관적 존재의 지평으로는 규정되지 않고, 오히려 마치 그들이 같은 세계에 속해 있지 않은 것처럼 각각 별개의 환경 속에서 인식되고 있기 때문이다.

《지각의 현상학》

'각각 별개의 환경 속에서 인식된다'를 우리는 날마다 실감하고 있다. 시각이 인식하는 경치는 사진 속 경치와 다르다. 그 지점에 어떠한 신체가 있느냐에 따라 보이는 경치가 완전히 다르다. 가령 그것이 '나'의 '신체'이더라도 슬플 때와 기쁠 때 세상의 모습은 완전히 다르게 보이지 않는가.

표정을 지닌 세계. 항상 변화하는 세계. **보는 것은 세계와 관계를 맺고 세계를 바꿔나가는 일이다.** 이러한 표현자로서 메를로 퐁티는 화가에 주목한다.

화가의 시선은 물건을 갑자기 존재하게 하려면 빛과 그 밝기가 시선에 어떻게 들어와야 좋을지 빛이나 밝기에 묻는다. 세계라는 이 신기한 공간을 구성해 '보이는 것'을 볼 수 있으려면 물건이 어떻게 되어 있어야 할지 물건에 묻는 것이다.

《눈과 마음》

위르겐 하버마스[1]를 모방해서 철학자를 두 종류로 나눠보자. 한쪽은 청각을 기점으로 해 '로고스(신의 언어)'에 귀를 기울이는 철학자들, 다른 한쪽은 시각을 통해 '세상의 모습'에 주목하는 철학자들이다.

메를로퐁티는 후자의 선두 주자로, 그만큼 시각에 대해 깊이 고찰한 철학자는 없을 것이다. 그런 그가 가장 신뢰한 화가가 폴 세잔Paul Cézanne이다. 세잔은 특히 사과와 오렌지를 즐겨 그렸다. 그의 화법의 특징은 한 장의 그림에 잠재해 있는 복수의 시점과 윤곽이다. 지극히 명쾌한 메를로퐁티가 설명한 글이 있으니 약간 길지만 그대로 인용해보겠다.

> 오브제의 윤곽은 오브제를 따라가는 선으로 그려지지만, 이것은 보이는 세계의 것이 아니라 기하학 선이다. 사과의 윤곽을 하나의 선으로 그리면 하나의 오브제를 만들어내지만 이 선이 이상적인 한계가 되어 사과의 다양한 면은 이 선을 향해 깊은 방향으로 도피한다.
>
> … 한 줄의 윤곽을 그리는 것은 깊이를 희생하는 것, 즉 우리가 오브제에 주는 차원을 희생하는 것이 된다. 이 차원은 우리의 눈앞에 펼쳐진 것이 아니라 다 헤아릴 수 없는 현실이며, 헤아려야 할 것이 풍부하게 보존된 상태다. 세잔이 색조를 조절하

---

1   위르겐 하버마스(Jürgen Habermas, 1929~): 독일을 대표하는 현대 철학자.

고 사물의 둥근 부분을 따라가면서 몇 개의 푸른 윤곽선으로 복수의 윤곽을 그리는 것은 그 때문이다. 한 개의 점에서 다른 점으로 이동하는 시선은 복수의 윤곽에서 생겨나는 하나의 윤곽을 인식한다.

《세잔의 의심Le Doute de Cézanne》

윤곽이란 우리가 파악하는 세계의 모습을 질서에 따라 캔버스에 옮겨 정착시킨다. 하지만 우리는 종종 이러한 질서를 실재하는 세계라고 믿는다. 세잔은 기계적인 질서를 피해, 우리가 실제로 지각하는 세계의 모습을 붓으로 그려내려고 했다. 마찬가지로 메를로퐁티는 세잔이 그린 것을 펜으로 분명하게 나타내려고 한 것이다.

시선이란 사진기처럼 세계를 '복사하는' 것이 아니다. 우리 인간은 시선의 힘을 통해 독특한 모습으로 세계에 의미를 붙여나간다. 메를로퐁티에게 철학하는 일은 예술적인 행위다.

또 세잔은 우리에게 '자연과의 관계는 표면이 아니라 깊은 곳에 있다'고 가르쳐준다. 하지만 이러한 '깊이'는 물체 자체에 갖춰진 것이 아니다. '깊이'가 생기는 이유는 무엇일까? 시선을 향한다는 것은 필연적으로 그 물체와 '깊이'의 관계를 맺는 일이기 때문이다.

깊이는 나의 시선 끝에서 생겨난다. 내 시선은 무언가 있는 것을 보려고 하기 때문이다.

《지각의 현상학》

　예를 들어 방 천장 구석을 보자. 우리는 그 모습을 직각으로 인지한다. 그런데 사진으로 찍어 측정해보면 그곳은 140도 정도 될 것이다. '착시'를 지적하며 '그곳은 직각이다'라고 수정하는 사람도 있겠지만, 이러한 정정은 잘못된 것이다. 그곳은 '깊이에 있어서' 직각인 것이다.

　'무언가 있는 것을 보려고 한다'는 것은 우리의 '시선'이 무언가로 향하는 것이다. 그렇다면 "어디를 보고 있어?"라는 말에 진실성이 생길 것이다. 우리의 '시선'이 무언가로 향하는 것은 신체가 세계에 항상 열려 있다는 의미이기도 하다. 바꿔 말해 **우리는 세계를 보면서 세계에 보여지고 있다.** 인간의 이러한 실존적 사실을 화가들은 아주 명확하게 '물건이 자신을 바라보고 있다'고 표현한 것이다.

　'시선'의 시점은 비즈니스뿐 아니라 교육이나 정치 등 모든 분야에 응용할 수 있다. "나는 무엇을 보고 있는가?" 하고 묻는 것은 윤곽을 지닌 질서로서 세계를 파악하는 일이다. 이것은 이것대로 의미가 있다. 의사소통도, 교통정리도, 온갖 규약도 이러한 질서에서 비롯된다.

　한편으로 "나는 어디를 보고 있는가?"는 어떤가. 이 물음에 대답하기에는 난처함이 따른다. 세잔처럼 윤곽을 무너뜨리고 복수의 시점에서 세계를 표현해야 할 것이다. 하지만 설령 평면적으로밖에 표현할 수 없다 해도 '시선'은 '깊은 곳'도 제대로 보고 있다. '시선'에는 세계를 바꾸는 힘이 담겨 있는 것이다. 또한 미래도 '깊은 곳' 중 하나다.

사르트르 : 투기

인간에게 미래는 있는가?

하나의 미래를 도래시키고 그 미래가 우리의 과거에 하나의
의미를 부여함으로써 우리가 무엇인지 우리 자신에게 고한다.

《존재와 무》

지구에 미래가 있을까? 인간의 미래는? 쓰레기, 빈부 격
차, AI, 바이러스. 비관적 요소를 열거하자면 끝이 없다. 하지
만 손 놓고 비극이 도래하기를 기다리기만 하는 것은 한심하
기 짝이 없는 일이다. 과연 미래는 누구의 미래인가. 미래에
'나 자신'이 있을지는 아무도 모른다. 하지만 미래는 현재 우
리가 마주하고 결정하는 하나하나의 선택 끝에 있다는 사실
을 누구나 잘 알고 있다. 그래서 '투기投企'라는 시점이 반드시
필요하다.

'투기'는 프랑스어로 'projet'다. 이 단어는 '계획, 기획'을 의미하는데, 사르트르는 굳이 'pro-jet'라고 할 때가 있다. 'pro'를 강조하기 위해서다. 이 접두어는 '앞으로 던지다'를 의미한다. 따라서 **투기는 미래를 향해 자신을 던져 넣는 일이다.**

'인간은 스스로 만드는 것 이외에는 아무것도 아니다'(《실존주의란 무엇인가》)에서 나타내듯, 인간은 항상 자유롭다. 어떻게 자신을 만들어갈지 결정할 수 있는 존재가 바로 인간이다. **자유롭다는 건 미래에 열려 있다는 뜻이다.** 반면 물건에는 미래가 없다. 시간에 따른 변화를 의식할 수도 없다. **사르트르에게 "나는 자유다"라는 말은 "나는 미래다"와 같은 뜻이다.** 나라는 인간은 처음에는 아무런 존재도 아니지만 미래를 향한 투기로 스스로 만드는 그 무언가가 된다.

자신을 던져 넣는 데 공포와 불안을 느끼지 않는 사람은 없을 것이다. 하지만 이것이야말로 미래로 향해 열려 있다는 의미다. 즉 **'자유다'란 '불안에서 벗어날 수 없다'는 뜻이다.** 사르트르는 아무런 불안도 걱정도 없는 사람을 단죄하는 건지도 모른다. 그들은 물건화되어가는 것이다. 누구나 불안에서 해방되고 싶은 마음을 가진다. 그런데 불안이야말로 자유의 증거라고 한다면 어떤가?

인간이 자신의 자유를 의식하는 것은 불안에 관해서다.

《존재와 무》

사르트르는 과거에 의존하고 현재에 매몰하며 투기하지 않는 사람들을 가리켜 '자기기만'이라고 지탄했다. 이는 자신에게 거짓말을 하는 것이다. 자신이 인간이라는 사실에서 도망쳐 미래를 포기하고 물건으로서 안주하는 일이다. 심각한 재난을 경험해서 오히려 더 기존 습관과 권리를 고수하는 건 물건이 되는 것이나 다름없는 일이다.

> 작가는 추상적이고 영원한 영광, 절대에 대한 공허함으로 불가능한 꿈에 대해, 한정되고 구체적인 지속을 대립시킨다. … 인간의 온갖 계획은 일정한 미래를 그리는 일이다.
>
> 《문학이란 무엇인가》

사르트르의 표현 활동은 철학, 소설, 희곡에 그치지 않는다. 그의 발언은 정치에도 지대한 영향력을 발휘했다. 알제리 전쟁[1] 때는 '알제리민족해방전선FLN'이 정의라는 입장을 표명했다.

그 후 사르트르는 '마르크시즘Marxism'과 '코뮤니즘communism'에 심취했고 절친한 사이였던 카뮈, 메를로퐁티와 크게 싸워 절연한다. 사르트르 후기 사상의 옳고 그름을 여기

---

[1] 프랑스의 식민지였던 알제리에서 일어난 독립 전쟁. 1954년에 시작되어 1962년에 알제리의 독립에 대한 국민투표에서 절대다수가 독립에 표를 던져 종결되었다.

서 논할 것은 아니다. 덧붙이자면 카뮈나 메를로퐁티의 자세가 타당했다는 것은 역사가 증명한다. 하지만 사르트르를 비롯한 세 명의 발언과 행위는 각자의 '투기'다. 각각 미래를 격정했기에 진심을 담아 싸움까지 벌인 것이다.

'나라는 인간'을 알고 싶다면 과거를 봐서는 안 된다. 과거의 영광 같은 것은 인간을 물건으로 만드는 함정일 뿐이다. '하나의 미래를 도래' 시킴으로써 드디어 나중에 그것을 알 수 있다.

인류는 지금까지 수많은 재해를 극복해왔다. 그때마다 '미래가 보이지 않는' 상황을 '미래가 결정되지 않았다'는 적극적인 의미로 역전시켜왔다. 기존 체제가 덮여버리는 상황이었기에 더욱더 보이는 선택지보다 보이지 않는 선택지, 혹은 잊고 있던 선택지를 다시 살릴 수도 있었다. '투기'라는 긴장감 있는 행위는 상황의 변화를 똑똑히 눈여겨보는 일이다.

예측 불가능하다는 것은 우리의 '투기'가 시험당하고 있다는 의미다. 어쩌면 생활 전반을 AI가 관리하는 세상이 올지도 모른다. 과연 그곳에 인간이 존재할 것인가? 혹은 우리가 미래의 인간을 지킬 수 있을 것인가?

우리의 미래는 '지금 여기'에 달려 있다. '지금 여기'는 눈을 감고 현재에 안주하는 것이 아니다. 보이지 않는 미래로 자신을 내던져 앞으로 나가는, 극히 동적인 자세다. 이와 같은 정신을 사르트르는 '고매성'이라고 호응했다. 나머지 이야기는 6.4에서 계속하겠다.

5.3

이것을 쓴 사람은 누구일까?

우리가 지금은 알고 있지만, 텍스트란 일렬로 늘어선 낱말로 구성되어 유일한 신학적 의미(작가가 신의 메시지를 전하려는 것)를 나타내는 것은 아니다. 텍스트란 다차원의 공간으로, 거기서는 다양한 에크리튀르[1]가 결합해 서로 이의를 제기하며, 그 어느 것도 기원이 되지 않는다. 텍스트란 무수한 문화의 핵심에서 온 인용의 직물이다.

《목소리의 결정》

'이 글을 쓴 사람이 누구지? 아, 나구나!' 이런 경험을 한

---

1   écriture, 프랑스어로 '문자', '글씨체', '문체'를 뜻하며, 한마디로 '글로 쓰는 언어'를 가리킨다. (옮긴이)

적은 없는가. 젊을 때 쓴 미숙한 일기를 다시 읽어보면 자신이 쓴 언어나 감정이 전혀 와닿지 않는 일이 종종 있다! '아니, 정말로 이거 내가 쓴 건가?' 하고 다른 사람을 만난 것 같은 기분을 느낀다. 불과 몇 년 전에 제출한 논문은 뭘 위해서 쓴 것인지 생각도 나지 않는다. 연애편지조차 '와, 이거 내가 쓴 게 맞아?' 하고 외면하고 싶어진다. 우리는 지금까지 쓴 자신의 언어에 책임질 수 있는가? 바르트의 '저자의 죽음'을 실마리로 풀어보자.

롤랑 바르트는 1915년에 태어나 1953년에 《글쓰기의 영도》를 출간하고 말년인 1980년까지 문학, 대중문화, 광고 등에 관련된 다수의 에세이를 집필했다. 현재 바르트는 대학의 철학과보다는 주로 문학과나 문화 연구[2], 영상론, 표상 문화론과 관련된 학과에서 연구되고 있다. 정통 철학자는 아닐지 모르지만 그의 사상은 이처럼 인문학 연구에 크게 공헌했다.

시대와 작품에 따라 바르트의 발상 방법은 크게 달라지지만 기호학sémiologie, 즉 어떤 문화에 감춰진 기호의 의미를 찾는다는 점은 어떤 텍스트에나 일관되게 적용된다.

바르트는 문학과 문화를 분석하는 데 일생을 바쳤지만 같은 영역에 있는 다른 연구에는 관심을 보이지 않았던 듯하

---

2   cultural studies, 문화를 통해 사회를 분석하기 위한 학술적 방법론의 총칭. (옮긴이)

다. 그래서 프랑스 대학의 연구자들에게는 좋은 평가를 받지 못했다. 다만 이러한 현상은 프랑스에서는 드문 일이 아니다.

실제로 푸코나 들뢰즈, 데리다는 미국 등 전 세계에서 인기를 얻었지만 처음에는 프랑스 지식인들에게 무시당했다. 데리다는 매년 미국으로 건너가 그곳 대학에서 학생들을 가르쳤다. 영향력이 있는 저서는 대학교수로서가 아니라 사상가로서 집필했다. 일본도 마찬가지일 것이다. 일본의 비평가 아즈마 히로키東浩紀의 저서《동물화하는 포스트모던》은 다양한 외국어로 번역되어 인용되고 있다. 반면 일본의 대학교수가 쓴 책은 아쉽게도 일부를 제외하고는 무시받고 있다.

바르트 자신은 해외를 누비며 강연하기보다 파리에 남기를 원했지만 미국이나 일본 연구자들의 러브콜이 없었다면 그만큼 주목받지 못했을 것이다.

바르트에게는 문학에 대한 논고가 많다. 예를 들어 '현실 효과'의 개념을 이용해 소설가 귀스타브 플로베르Gustave Flaubert를 비롯한 다양한 문학작품의 문체를 고찰했지만 아쉽게도 바르트의 시점은 대부분 문학을 연구하는 학생이나 연구자 외에는 그다지 주목받지 못했다. 하지만 '저자의 죽음'은 널리 유용할 것이다. 바르트는 이 시점으로 문학 연구의 상식을 뒤엎었다.

전통적으로 문학 연구는 작품에 담긴 저자의 사고를 이

해하려고 하기 마련이다. 학교에서 문학작품을 읽을 때도 저자가 우리에게 무엇을 전하려고 하는지 생각한다. 미디어와 인터뷰할 때도 저자는 대개 '이 작품에서 무엇을 전하려 했는지' 질문받는다. 하지만 이러한 접근법에는 큰 약점이 있다.

각 작품에 담긴 메시지가 하나뿐일까? 그 메시지를 저자가 완전히 의도한 것일까? 그리고 모든 독자는 똑같이 이해할까?

문장에는 두 가지 이상의 의미가 내포되어 있을 가능성이 있다. 일상 속 대화에도 여러 생각이 담겨 있기 마련이다. 문학작품은 더욱 복잡하고 다의적이어야 한다. 저자가 자신의 문장을 완벽히 이해하지 못하는 경우도 있다.

저자의 사고와 관심은 당연히 변화한다. 우연히 작품군에서 통일성을 찾아냈다고 해도 그것은 우연일 뿐, 결코 저자 자신이 의도한 통일성은 아니다. '저자의 죽음'에 의해 저자는 이런 압박감에서 해방된다. 그리고 전통적인 문학론에서는 저자의 부속품이었던 독자가 저자와 같은 단계로 격상된다. **저자에게서 떨어져 마침내 독자는 자유로운 독서가 가능해지는 것이다. 그러면서 저자가 생각지도 못했던 의미를 독자가 제안하기도 한다.**

자신의 작품에 이러이러한 올바른 독서법이 있다는 말을 듣는다면 저자도 당황할 것이다. 저자를 이러한 '올바른 읽기'라는 족쇄에서 해방시키는 존재는 독자뿐이다. 물론 저자는 자신일 수도 있고 독자에는 미래의 자신도 포함된다.

후회하든 소름이 끼치든, 아니면 얼굴이 화끈해지든 '저자'를 완전히 해방되게 함으로써 비로소 미래는 경쾌하고 건전해질 것이다.

5.4

왜 성인 비디오에는
예술성이 없는 걸까?

에로티시즘의 토대는 성 활동이다. 그런데 이 성 활동은 금지
의 공격하에 쓰러진다. 사랑의 행위를 하는 것은 당치도 않다
면서 금지당하고 있다! 몰래 행하지 않는 한….

《에로스의 눈물》

'봐서는 안 되는' 것이 있다. 주로 성이나 폭력에 관련된
것이다. 당연히 '금지'하는 데는 그래야 하는 이유가 있다. 하
지만 금지는 침범의 동기가 되기도 한다. '에로스' 시점에서
금지의 문제에 도전한 인물이 바타유다.

같은 맥락에서 자주 사용되는 용어로 '포르노porno'가 있
다. 에로스와 포르노는 어떻게 다를까. 포르노는 '포르노그래
피pornography'의 약자다. 이 말은 그리스어 'pornographos'에서

유래했으며 매춘부의 행위에 대한 그림과 글을 가리킨다. 그리고 현재 포르노는 '인간의 성적 행위를 묘사한 소설, 영화, 사진, 그림 등'을 의미한다.

반면 에로스eros는 본래 그리스 신화에 등장하는 신이다. 게다가 제우스와 아테네 등 올림포스 12신에 앞서는 신이며 세상이 시작되었을 때부터 존재했다고 하는 뛰어난 능력을 지닌 숭고한 신이다.

'포르노'는 성행위를 체험하지 않아도 성립한다. 하지만 '에로스'는 성 체험을 빼고는 이야기할 수 없다. 20대 중반, 정력이 왕성하던 바타유는 파리 최대의 창녀촌인 생드니에서 방탕한 생활을 했다. 그가 이런 퇴폐적인 생활을 한 데는 유소년기가 영향을 미쳤다.

바타유의 아버지는 매독 환자로 그가 태어났을 때 앞을 전혀 보지 못했다. 당시 매독은 죽을병 중 하나였고, 아버지는 결국 몸도 움직일 수 없게 된다. 이러한 아버지의 간병을 떠맡은 소년 바타유는 성인이 된 후에도 이 부정하고 불결한 기억과 맞서야만 했다. 이렇게 바타유는 신성한 것을 찾아서 생드니에 틀어박혀 있었던 것이다.

당신의 '에로스 체험'은 어떤 것일까.

에로티시즘은 낭비가 획득에 대립하듯 통상적인 행동에 대립한다. 만약 우리가 이성에 따라 행동한다면, 우리는 자신의 자

원과 지식, 그리고 권력을 증대하려고 애쓰게 된다. … 그런데
성적인 열광의 순간에 우리는 계산하지 않고 모든 힘을 소진
하고 현저한 양의 에너지를 무제한으로 아무런 이익도 없이
소모한다.

《에로티즘의 역사》

'봐서는 안 된다'를 이성적으로 능숙하게 다루면 비즈니
스가 된다. 금지에는 항상 '어떻게 금기를 깰까'가 따라다닌
다. 포르노는 그 수단을 제공한다.

반면 에로스는 결코 비즈니스가 되지 않는다. 에로스란
'에너지를 아무런 이익도 없이 소모하는' 일이기 때문이다.
이는 동물들의 성행위와 마찬가지로 생명의 행위다. 성행위
를 비즈니스로 삼으려면 그것을 생명의 행위와 분리해야만
한다. 생명의 행위란 스스로 내재한 힘을 고조할 수 있게 하
는 것이라고 바타유는 역설했다. 에로스는 결코 발산이 아니
라 고조되어 힘이 넘쳐나는 것이다.

비즈니스와 분리된 힘이 고조되어 넘쳐나는 것 중 하나
가 예술이다. 예술은 생산을 주목적으로 하지 않는다. '이렇게
하면 잘 팔린다'는 손익계산은 예술성에 반하는 것이다. 자기
안에 내재한 힘의 분출을 통해 생명의 수준에서 교류하는 것
이 바로 예술이다. 그리고 에로스와 예술은 합치한다.

에로스의 시점에서 세계를 보는 것은 매우 스릴 넘치는

일이다. 금지의 끝에 '무엇이 있는가' 하고 호기심을 부추긴다. 하지만 '무엇이 있는가'가 아니라 '누가 보는가'가 문제가 된다. '무엇이 보이는가'에 관해서는 본 것밖에 알 수 없다. 물론 여기서 '누가'는 '내가'여야 한다.

"당신이 보고 싶은 것을 보여줄게요" 하고 내놓은 것을 보면 성욕은 충족되지만, 그래서는 에로스가 소멸되고 만다. 에로스는 힘이 부글부글 끓어올라 분출되는 곳에 찾아온다.

뭐든지 보이는 거울이 있다면
무엇을 보겠는가?

모든 이마주의 한가운데에, 내가 나의 몸이라고 부르는 곳에 이마주가 있다. 이 이마주의 잠재적인 작용은 그것을 둘러싸고 있는 모든 이마주 그 자체의 외면의 반사에 의해 번역된다.

《물질과 기억》

《뭐든지 보이는 거울Wszystkowidzące lusterko》이라는 예지 피초프스키[1]의 그림책이 있다. 피초프스키가 모은 집시 민화집 가운데 하나다. 제목대로 '뭐든지 보이는 거울'을 갖고 있는 공주 이야기다.

'뭐든지 보이는 거울'과 종류가 같은 '마법의 거울'이 그

---

1 예지 피초프스키(Jerzy Ficowski, 1924~2006): 폴란드의 시인이자 작가.

림 형제의 동화《백설공주》에 등장한다. 모든 '뭐든지 보이는 거울'에는 공통점이 있다. 어떤 거울이든 진실을 비춘다는 사실이다. 그런 거울이 있다면 무엇을 볼 것인가? 대답하기 전에 베르그송의 '이마주image'를 살펴보자.

앞의 인용문에는 어려운 장애물이 있다. '이마주'다. 베르그송의 여러 시점 가운데 가장 어렵다고 할 수 있다. 그런 만큼 알아두면 좋은 귀중한 시점이다. '이마주'를 설명하기에 앞서《물질과 기억》첫 부분에서 베르그송은 '철학의 자세' 한 가지를 전수한다.

'**한동안 우리는 물질의 모든 이론과 정신의 모든 이론에 대해 … 아무것도 모르는 척해보자.**'(《물질과 기억》) 이 글귀에서 베르그송은 물질과 정신에 대한 논고를 하려 한다는 것을 엿볼 수 있다. 하지만 그에 대한 논의를 일단 '모르는 척하자'고 권한다. 이는 다시 말해, 자신으로 되돌아가보자는 뜻이다.

'**자신이 무엇을 보고 있는가? 자신이 무엇을 느끼고 있는가? 자신이 무엇을 언급하고 있는가?**' 이것이 철학의 시작이다. 철학 강론에서 벗어나 자신의 감각을 확인하는 일이다. '**나는 수많은 이마주와 직면하고 있다**'는 것을 알게 된다. 그리고 '**이마주란 내가 감각을 열면 지각할 수 있고, 닫으면 지각할 수 없게 되는 가장 막연한 의미에서의 이마주다.**'(《물질과 기억》)

'이마주'는 프랑스어로 'image'라고 쓰는데, 영어의 '이미지image'와 같은 뜻이다. 이는 일상적으로 사용하는 단어로, 프랑스어 화자에게 특별한 용어가 아니기 때문에 베르그송도 '이마주'에 특별한 정의를 내리지는 않았다. 하지만 우리는 이미 일상생활에 정착된 '이미지'라는 언어에 끌려다니지 않도록 주의하며 베르그송이 말하는 '이마주'를 이해해야 한다.

내가 우주라고 부르는 이마주의 총체 안에서는 어떤 특수한 이마주(그 전형은 내 신체에 의해 내게 주어진다)를 끼워 넣지 않고서는 정말로 새로운 것은 아무것도 만들어낼 수 없듯 모든 것이 진행되고 있다. … 나는 이마주의 총체를 물질이라고 부르지만 이들 똑같은 이마주가 특정한 이마주, 즉 내 신체로 가능한 작용과 관련되어 있는 경우에는 그들을 물질에 대한 지각이라고 부른다.

《물질과 기억》

베르그송은 '이마주의 총체=우주=물질적 세계'를 상정하고 있다. 그리고 그가 '총체'라고 할 때 그것은 '결코 중단되지 않는, 연속체로서의 전체'를 의미한다.

(우리가 표상하는) 이 이마주는 다른 수많은 이마주 전체와 연동된 것으로서 선행하는 모든 이마주를 계승하는 것과 마찬가지로, 후속하는 모든 이마주 안에서도 계속된다.

《물질과 기억》

여기서 문제가 되는 것이 우리의 지각과 '이마주'의 총체와의 관계다.

지각은 권리적으로는 전체의 이마주인데 사실적으로는 당신에게 이해관계가 있는 것으로 축소되고 있다.

《물질과 기억》

그 이유는 무엇일까? '이마주의 총체=우주=물질적 세계'의 인용을 다시 한번 확인해보자. 두 가지에는 공통된 키워드가 있다. '신체'다. 더욱 확실히 말하면 신체와의 관계다.

우리는 우주로 표현되는 '이마주'의 총체를 지각할 수 없다. 우리가 신체적 존재이기 때문이다. 그리고 '신체'는 유한하다. 하지만 이 유한성에 부정적인 의미는 없다. **지각은 '이마주'에의 작용이며 이 행동의 중심에 '신체'가 있다.** 게다가 이 작용은 신체라는 이마주에서 신체를 둘러싼 모든 이마주에 대한 작용이기도 하다. 앞머리의 인용에 나오는 '반사', '번역'은 이를 의미한다. **'이마주'의 작용은 양방향**인 것이다.

'뭐든지 보이는 거울'이 있다고 해도 거기에 신체적 존재인 우리가 관여하는 한, 뭐든지 보일 리 없다. 거울이 비추는 것이 숨겨진 사람이든 세계 최고의 미인이든 우리는 거울에 빌어야 한다. '그것을 보여달라'고 말이다. 그것들은 이미 '보이는' 것이다. 다만 '어디에 있는지 알 수 없을' 뿐이다. 그들은 이미 '이해관계가 있는 이마주로 축소'되어 있다. 마법의 거울은 수색하는 데 엄청난 힘을 발휘할 것이다. 하지만 우리는 결코 '보이지 않는 것'을 보이게 할 수는 없다.

이문화 커뮤니케이션
능력이란 무엇인가?

극히 도식적으로 말하면 이러하다. '탈구축'이라는 용어를 정의하는 어려움, 따라서 그 말을 번역하는 어려움은 한순간 그러한 정의나 번역에 사용할 수 있을 법한 술어나 정의에 필요한 개념, 어휘상의 의미, 나아가 문장의 분절 같은 것이 모두, 직접적이냐 아니냐는 차치하고 그것들 또한 탈구축의 대상이며 탈구축할 수 있다는 점에 기인한다. 그리고 이것은 모든 용어와 마찬가지로 탈구축이라는 용어에 대해서도, 그 통일성 자체에 도 적용된다.

《프시케: 타자의 발명 Psyché: Inventions de L'autre》

가와바타 야스나리의 소설 《설국》은 '국경의 긴 터널을 빠져나오자 설국이었다'라는 구절로 시작된다. 번역가들 사이에서는 역량을 적나라하게 드러내는 까다로운 부분으로 유명하다. '누가?' 혹은 '무엇이?' 터널을 빠져나간 것인가? '빠져나오자'는 언제를 말하는가? '설국이었다'는 누가 깨달은 것일까? 아니면 사실인 걸까? '설국'이란 어떤 이미지인가? 이 문제를 데리다의 '차연差延' 시점에서 파헤쳐보자.

데리다의 철학을 언급하려면 차연을 꼽지 않을 수 없다. 이는 '차이'를 뜻하는 프랑스어 'différance'라 번역한 용어다. 우선 이 단어의 표기를 설명해야겠다. '디페랑스'는 보통 e를 붙인 'différence'를 예상하겠지만 데리다는 e를 a로 바꿔 'différance'라고 썼다. 이렇게 해서 'différence'와의 의미 차이를 강조했다. 하지만 둘 다 발음이 같으므로 문장을 읽지 않는 한 이 차이를 이해할 수는 없다. 표기로만 이해할 수 있는 의미는 서양 문화에서 '음성 중심주의'에 주목하는 방법이기도 하다.(1.4 참조)

데리다가 'différance(차연)'에 의해 합의한 내용을 정리해보자.

우선 영어인 'difference'와 마찬가지로 '**사물 사이에 있는 다름 / 분산하다 / 연기하다**'라는 뜻이 있다.

그렇다면 이 '차연'의 시점이 어떻게 우리의 세계관에 영향을 미칠까? 일본의 이슬람학자 이즈쓰 도시히코井筒俊彦가 'déconstruction(탈구축)'을 올바르게 번역하는 방법에 대해 질문하고 데리다가 답변한 편지가 있다. 실제로 데리다는 직접

이즈쓰의 물음에 답하지 않았다. 대신 번역의 가능성과 '탈구축' 사용법을 설명했다. 요컨대 '탈구축'의 의미를 설명하기 위해 '차연'의 시점을 실천해야 한다고 설명했다.

> '탈구축'이라는 용어도 그 밖의 모든 용어와 마찬가지로 있을 수 있는 교체의 연쇄 속으로 기입하는 것, 즉 사람이 태연히 '컨텍스트(맥락)'라고 부르는 것 안에 기입하는 것 외에는 스스로의 가치를 끌어낼 수 없다.
>
> 《프시케: 타자의 발명》

'교체의 연쇄'가 언어의 '차연'을 증명한다. 번역뿐 아니라 같은 언어 중에서도 단어를 설명하기 위해 다른 단어가 필요하다. 즉 데리다는 소쉬르(1.2 2.6 4.1 참조)와 달리, 말과 현실이라는 이항 대립에 근거한 프레임워크 내에서만 언어를 이해하려 하지 않고 언어를 무한한 네트워크 속에서 생각하려고 했다.

'차연'을 명확히 하기 위해 종종 사전의 비유를 사용한다. 낯선 단어를 사전에서 찾아볼 때는 그 단어를 설명하기 위한 정의, 즉 단어를 많이 늘어놓아야 한다. 만약 정의 중 모르는 단어가 있으면 다시 그 단어를 조사하고 그 단어의 정의를 읽는다. 다른 시대의 사전에서 그 정의를 조사하면 다른 의미를 발견할 수도 있을 것이다. 그리고 그 과정은 끊임없이 계속된다. 그러는 동안 처음 단어의 의미에 다다르고자 하는 희망을 잃고 만다.

바꿔 말하면, 언어의 의미를 파악하는 것은 영원히 '연기'되는 일이다. 그렇다면 《설국》은 '국경의 긴 터널을 빠져나오자 설국이었다'라는 문장만으로 일본 문화와 정치, 역사 등 모든 것을 설명하는 중요한 책이 될 것이다. 그래도 번역은 불완전한 채 남고 만다.

언어는 '흔적'으로도 비유할 수 있다. 흔적에는 확실한 존재감이 있다. 하지만 동시에 이미 사라진 다른 존재를 표현한 것이기도 하다. 요컨대 흔적에는 과거와 현재, 그리고 미래가 공존한다. 흔적의 세계에 살고 있는 우리에게는 존재에 대한 접근이 계속 연기된다.

'차연'에는 부정적인 면만 있는 것은 아니다. 의미가 영원히 연기된다는 것은 의미가 항상 새로 만들어지는 일이며 고정관념에 따른 압박감에서 해방되는 것으로도 연결된다.

'탈구축'은 프랑스어와 영어의 일상 대화에서 사용되는 말이므로 문화가 은밀하게 내포하는 문제를 가시화하는 도구가 돼주었다. '차연'은 언어의 근본적인 결점을 지적하면서 다양한 고정관념을 부정하고 쇄신하는 작용을 한다. 이들 시점을 활용하면 다른 문화 간의 커뮤니케이션은 원활하고 즐겁게 이루어질 것이다.

들뢰즈 : 난센스

불가능한 일을
하는 것은 무의미할까?

공허는 의미가 그것 고유의 무의미함(난센스)과 함께 창작되
는 곳이다.

《의미의 논리》

"일의 효율? 그게 뭐야?"라고 묻는 사람이 있을까? 이
키워드를 온라인 서점에서 검색하면 수많은 책이 나온다. '무
의미한 교신 작업을 밝혀내 제거해나가는' 것이 효율화의 요
점일까. 그렇지만 '무의미한 것이 의미 있는 게 아닐까?' 하고
생각하는 것이 철학자의 본성이다. 들뢰즈도 그랬다.

'전통적인 이원론을 뒤엎어 보이겠다!'는 것이 니체 이
후 철학자들이 공통으로 갖는 야심일 것이다. 들뢰즈도《의
미의 논리》에서 이런 태도를 보였다. 우선 그는 니체를 본떠

플라톤을 겨냥했다.

플라토니즘을 뒤엎는 것은 그 진정한 동기를 밝혀내는 것이어
야 한다.

《의미의 논리》

플라톤은 이데아론으로 유명하다. 이데아론의 진정한
동기로 들뢰즈는 '선별의 의지'가 있다고 간파했다. 그것은
'모델과 복제' 혹은 '모델과 시뮬라크르'(4.3 참조)의 진위를 판별
하는 일이다. 오리지널은 물론 진짜를 말한다. 반면 '복제와
시뮬라크르'는 가짜다. 당연히 가짜는 '있어야 하는 것이 아
니다'. 진짜인지 가짜인지에 더해 또 하나, 시뮬라크르와 복
제를 구별한다. 이데아론의 세계에서는 복제가 시뮬라크르
보다 우위에 있다. 그 구조는 어떠할까?

복제는 정확히 오리지널을 모방하는 것을 규정으로 한
다. 따라서 복제에는 '좋고 나쁨'이 있다. 하지만 시뮬라크르
는 '정확함'을 추구하지 않는다. 따라서 '좋고 나쁨'도 선별할
수 없다. 이데아는 미리 계측되고 모델로서 결정된다. 마찬가
지로, 모델을 정확하게 모방하는 복제도 계측된다. 반면 **'순수
한 생성, 한정되지 않는 것은 이데아의 작용을 벗어나는 한, 모델과 복제
에 대하여 동시에 반항하는 한, 시뮬라크르의 물질이다.'**(《의미의 논리》)

플라톤에 의하면, 복제 행위는 승인할 수 있다. 반면 시

뮬라크르는 동일성을 일탈하는 행위다. 이것은 억압하고 배제해야 한다. 들뢰즈는 이러한 이원론에 잠재하는 '선별의 의지'를 파헤친다.

'의미'와 '난센스[1]'의 이원성도 재고의 대상이다. 우선 '언어의 의미'에 대해 고찰해보자. 언어 하나하나에는 의미가 있다. 하지만 그 의미는 다른 언어와 연결되어야 비로소 특정된다. 즉 언어의 의미는 다른 '언어의 의미'에 따라 지시되는 것이며 언어 자신이 '의미'를 확정하는 것은 아니다. 미리 의미를 고정하면 언어가 가진 본래의 가능성을 발휘할 수 없게 된다. 언어의 가능성을 가장 예민하게 사용하는 사람이 시인이다.

'언어'와 마찬가지로 '행위' 또한 나중에 비로소 의미가 부여된다. 결국 의미 있는 것으로서 예시된 행위가 미래에는 의미 있는 것이 될 가능성이 전혀 없는 것이다.

오히려 행동으로 옮기기 전에 '난센스가 아닐까?' 하고 생각할 때 '의미'를 찾아낼 수 있다.

의미와 난센스 사이에는 특수한 관계가 있으며 그 관계는 진위의 관계에서 옮겨 올 수 없다. 즉 단순한 배제의 관계라고는

---

[1] 원문에서는 '난센스(non-sens)'라고 썼는데, 이를 직역하면 '무의미'다. 여기서는 '난센스'로 통일한다.

볼 수 없다.

《의미의 논리》

　'난센스가 아닐까?' 하고 생각할 수 있는 점을 들뢰즈는 '여백'으로 표현한다. 들뢰즈가 주목한 것은 '난센스'와 '의미의 부재'다. 플라톤적 선별의 의지를 받아들이면 난센스는 재고되고 '있어야 할 것은 아닌 것'으로서 배제된다. 하지만 '난센스'는 이러한 '의미의 부재'가 아니라고 들뢰즈는 비판한다. **난센스는 있어야 할 것이 그곳에 없다는 '의미의 공백'이지 '의미의 부재'가 아니다. 그곳이란 언젠가 의미를 생성할 수 있는 '여백'을 말한다.**

　문제는 우리가 놓인 상황과 미래다. 행위든 발언이든 획일적인 '의미'를 강요당하고 '여백'이 허용되지 않았던 시대. 언젠가 코로나 팬데믹 이전이라는 의미가 부여되는 때가 올 것이다. 그러면 코로나 팬데믹 이후에 의미 있는 것으로 인정되는 행위는 무엇일까? '의미'가 규정되지 않은 채 남아 있는 '여백'은 '최첨단'이기도 하다. 이 '여백'에 기대를 걸 수 있는 것이 우리의 가능성이다. 난센스에는 가능성으로서 의미가 잠재되어 있다. 그리고 선별의 의지는 가능성을 무시하게 되는 것이다.

　'항상 새로운 개념을 창조하는 것이야말로 철학의 목적이다.' 이 말이 개념 넘치는 들뢰즈의 세계를 나타낸다. 여기서 다룬 '차이', '의미' 외에 유명한 것으로 '리좀과 나무', '파라노이아와 스키조프레니아', '도주선', '노마드' 등이 있다. 이들 용어는 2.7에서 소개한 가타리와의 공저에 등장한다.

계속해서 등장하는 새로운 개념은 틀림없이 그의 팬을 설레게 할 것이다. 반면 현대 사상에 도전하는 젊은 야심가들로 하여금 길을 잃게 하는 것이기도 하다. 실제로 그가 제시하는 모든 개념은 체계적으로 이해하는 것이 아니라, 횡적으로 파악해야 한다. 하나의 시점이 다른 여러 시점과 은밀하게 얽혀 있다.

도취되지도 거절하지도 않고, 들뢰즈의 모든 시점을 자신의 것으로 만들어 잠재력을 발휘할 수 있을까? 이것도 난센스 같은 미션 중 하나일지도 모른다.

리오타르가 본 미래

개미 인간의 비참함

장프랑수아 리오타르Jean-François Lyotard는 20세기 후반을 대표하는 프랑스의 철학자다. 《포스트모던의 조건》《쟁론》《포스트모던 우화집Moralités Postmodernes》 등을 저술하고 '지식인의 종말', '메타 서사[1]의 종말'이라는 포스트모던을 상징하는 말을 유행시켰다.

현대는 과학기술이 고도로 발달하고 자본주의 또한 발달했다. 이러한 현대의 특징은 '메타 서사에 대한 불신감'이라고 리오타르는 밝혔다. 메타 서사는 시대의 제도나 이론을 정당화하는 것이다. 이것은 어떠한 기능을 할까?

우선, 결말이 없는 이야기는 없다.

이야기가 이야기 세계 속 어느 시점에서 끝나든 그 결말은 의

---

1   지식을 형성하는 데 바탕이 되는 거대 서사. 이성을 기반으로 한 합리적 정신이 일구어낸 보편적 질서나 과학적 진보의 이야기를 말한다.(옮긴이)

미를 만들어내고, 이야기된 사건을 거슬러 올라가 조직화된다. 이야기의 기능은 자기 충족적이다.

《쟁론》

당연히 메타 서사에도 결말이 있다. 메타 서사는 윤리적, 정치적으로 좋은 결말을 갖추어 보편적인 가치로서 사람들에게 공유된다. '평화와 평등'이라든지 '부국', '애국'과 '자유롭고 자립한 인간'도 그 가운데 하나다. 사람들은 이러한 목표를 새기고 그 목표를 향해 노력하는 사람을 모범으로 여긴다. 따라서 메타 서사의 작용은 인간 육성에도 적용된다.

〈매미와 개미〉라는 라퐁텐의 우화가 있다.

매미는 여름 내내 노래만 부르고 일을 하지 않았다. 식량을 비축하지도 않았다. 가을이 되어 매미는 굶어 죽기 일보 직전이 된다. 그래서 개미에게 도움을 청한다. 하지만 개미는 "노래를 불러댔으니 앞으로는 춤을 추면 되겠네" 하고 냉정하게 쫓아낸다.

이 우화에서는 '개미 인간'을 권장한다. 이것을 메타로 해석하면 '일하는 것은 올바른 행동', '식량을 비축하는 것은 옳은 일'이다. 여기에 의문의 여지는 없다. 이 정당화가 없으면 이야기의 결말이 바뀌기 때문이다.

인간은 '부국', '평화', '자유' 등의 목표를 정하고 제약과 불편을 감수해왔다. 그러다 제2차 세계대전이 끝나고 과학기술은 한층 고도화되었다. 지금까지 기능하던 메타 서사는 힘을 잃고 만다. '포스트모던이란 이러한 메타 서사에 대한 불신감'으로 이어진다.

메타 서사가 제 기능을 잃으면 사회는 무엇을 추구할 것인가? **'시스템의 수행성, 즉 효율을 최적화하는 일에 놓이게'**(《포스트모던의 조건》)된다.

여기서 한 가지 사실이 드러난다. 포스트모던 이전에 사람들은 '일하자, 모으자' 하고 동조하면서도 정작 돈을 어떻게 사용해야 하는지는 배우지 못했다. 그리고 메타 서사에 의한 훈화가 몸에 밴 사람들은 사용법을 탐구하게 되었다.

그때 찾아오는 것이 '차이의 산출'이다. 휴대전화나 컴퓨터 등의 마이너 체인지[2]를 들 수 있다. 또는 '자기 승인 욕구'도 차이의 산출과 관련된다. 그 승인 욕구의 뿌리에 자리한, 소유물에 의한 타자와의 차별화를 쉽게 인지할 수 있을 것이다.

그리고 사람들은 결핍과 충족이 끝없이 되풀이되는 소비 순환에 사로잡힌다. 저축도 신상품을 구입하는 수단일 뿐이다. 이것은 자기 완결을 반복하는 폐쇄된 이야기다.

메타 서사는 사회를 향해 열려 있었다. 하지만 폐쇄된 이야기에서는 소비 간격이 점점 좁아지고 사용 기한이 짧아

---

2   minor change, 신제품을 발표할 때 기존 제품에 비해 수정한 내용이 별로 없는 상황. (옮긴이)

진다. 그리고 효율이 중시된다. 두려운 점은 소비나 사용 기한, 효율 중시가 적용되는 것은 상품만이 아니라는 사실이다. 인간도 그 대상이 될 수 있다.

조작 가능하게 되어라, 그렇지 않으면 사라져라.

《포스트모던의 조건》

이것은 물건처럼 되어버린 인간을 적확하게 표현한 문장이다.

인간이 물건처럼 되는 시대. 개미 인간의 의미도 변화한다. 결핍과 충족의 루프를 끝없이 반복하는 개미 인간. 소비 사회는 인간의 성장을 기대하지 않는다. 사람들은 '결핍으로 내몰리면서도 죽을 때까지 계속 일하라'라고 요구받는 것이다. 요즘 '오히려 매미 인간 쪽이 멋있지 않나?' 하는 마음이 아이들이나 젊은이들 사이에서 움트고 있다.

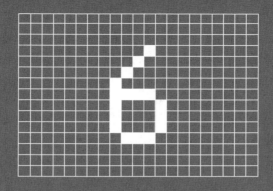

여섯 번째 수업

◆

창조의 시점

이미 문제도 만들어져 있고
충분히 활동하고 있다.

이 활동을 본래의 인간력 각성과 미래를 위한 행동으로
빌드업하는 데 도움이 되는 시점.

카유아 : 놀이

잘 놀고 있는가?

놀이는 사람이 자신의 행위에 대한 모든 걱정에서 해방된 자
유로운 활동이다.

《놀이와 인간》

'놀이'라는 말에는 부정적인 이미지가 앞서는 경우가 많
다. "여태 논 거였어?" 하고 추궁당하거나 "지금이 놀고 있을
때야!" 하고 질책당하기도 한다. 물론 긍정적인 의미도 있다.
과연 '놀이'란 무엇일까? 이 물음에 로제 카유아Roger Caillois의
저서 《놀이와 인간》이 답한다.

'놀이'라는 말을 어떻게 사용하는지 검증해보자. 그러기
위해서는 놀이와 대치되는 단어를 열거해봐야 한다.

'놀이'와 '진심'. 이 경우 '놀이'는 '진심으로 하지 않는 일'

이다. 스포츠에서도 공부나 연애에서도 '진지함'이 없는 것이 '놀이'다.

'놀이'와 '일'. 이 경우 '시간 때우기'의 의미다. 일을 떠난 레저의 의미를 지닌다. 하지만 여기서도 놀이는 지루함을 달래주는 정도다. 상사에게 불려가 "지금 일이 너무 바빠 다른 일을 할 수가 없습니다"라고 하면 이해해주겠지만 "지금 한창 노느라고 바쁩니다"라고 하면 불호령이 떨어질 것이다.

'유흥 인간'과 '성실한 인간'. 이 경우 '유흥 인간'은 낭비벽이 심하고 술과 도박에 빠진 사람이다. 인물 평가, 특히 결혼 상대로서 평가할 때는 최하위 수준에 속할 것이다.

하지만 우리는 레저에 진심이 될 수도 있으며 놀이를 일로 바꿀 수도 있다. 실은 성실하기만 할 게 아니라 놀이를 제대로 할 줄 아는 사람이 호감을 얻는 경우가 많다.

철학자들도 이러한 의문을 품어왔다. 그리고 우선 '놀이'의 의의를 찾아내려고 했다. 존 로크는 지성과 노동을 더욱 좋은 상태로 유지하기 위해서는 '기분 전환'이 필요하다고 주장했다. 장 자크 루소(1.6 참조)는 '놀이'의 교육적 측면에 주목하고 이를 아이들이 태어날 때부터 갖는 권리라고 호소했다. 어른들이 정한 규율로 통제받지 않고 자연 상태에서 유소년기를 보낸다. 그렇게 해야 체력뿐 아니라 관용과 인내력 등 정서적인 성장, 나아가 사물의 형성 과정을 아는 힘도 기를 수 있다고 보았다.

하지만 로크든 루소든 '놀이'에 대한 고찰로는 불충분하다. 이들의 해석은 '좋은 일', '좋은 인간' 등 '놀이' 이외의 개념을 전제로 해서 목표로 삼고 있기 때문이다. 본래 '놀이'란 무엇일까? "인간은 완전한 언어의 의미에 있어 인간일 때만 놀고, 놀고 있을 때만 완전한 인간이 된다"라는 프리드리히 실러[1]의 말에서 놀이론은 진지해진다. 카유아도 '실러는 문화사에서 최초로 놀이의 특별한 중요성을 강조한 사람이다'(《놀이와 인간》)라고 경의를 표했다.

진지한 놀이론을 언급할 때 카유아에 앞서 살펴보아야 할 인물이 있다. 요한 하위징아Johan Huizinga다. 그의 주요 저서 《호모루덴스》의 제목 '호모루덴스Homo ludens'는 '인간은 동물과 어떻게 다른가?'에 대한 답변 중 하나다. 이에 가장 유명한 답은 '호모사피엔스Homo sapiens'일 것이다. '예지인叡智人'이라고도 번역되듯 '생각한다'는 특성이 인간이라는 사실을 증명한다.

호모루덴스는 호모사피엔스, 그리고 호모파베르Homo faber와 더불어 중요한 용어다. '호모파베르'는 프랑스의 철학자 베르그송(3.5 5.5 6.5 참조)이 내린 정의다. '공작인工作人'이라고도 번역되듯 인간은 '만들 줄 아는' 데서 동물과 구분된다.

그리고 '호모루덴스'는 '유희인遊戲人'으로 번역되며 '놀이

---

1   프리드리히 실러(Friedrich von Schiller, 1759~1805): 18세기 독일의 시인이자 극작가. 괴테와 함께 독일 고전주의를 대표한다. 희곡 《발렌슈타인》이 유명하다.

하는 인간'이라는 뜻이다. '노는' 것이 인간이다. 하위징아에 따르면 놀이는 무언가에 공헌하는 일은 아니다. **놀이에 이유를 붙일 필요는 없고 단지 재미있어서 노는 것뿐이며, 이것이 놀이의 본질**이다.

카유아의 저서 《놀이와 인간》은 하위징아의 업적을 비판적으로 이어받았다.

> 사람은 놀고 싶을 때 놀고 싶은 만큼 논다. 이 의미에서 놀이는 자유로운 활동이다.
>
> **《놀이와 인간》**

그는 놀이를 여섯 가지 요소, 네 가지 역할, 두 가지 태도로 분류했다. 여기서는 '여섯 가지 요소'에 주목해보자.

1. 자유롭다. 참가도 이탈도 결코 강제되어서는 안 된다.
2. 격리되어 있다. 공간과 시간이 미리 정해져 있다.
3. 미확정이다. 전개나 승패, 결말이 결정되어 있지 않다.
4. 비생산적이다. 놀이로 재산이 생기지는 않는다. 인정받을 수 있는 성과도 없다.
5. 규칙이 있다.
6. 허구다. 명확하게 비일상이다.

'미확정'이 침해당하면 어떻게 될까? 만약 스포츠 경기에서 승패가 결정되어 있다면 어떨까? 이는 미리 짜고서 하는 엉터리 승부로 비겁하고 악랄한 돈내기는 될지 몰라도 놀이는 아니다. 또 '비생산적'이고 '허구'라는 점이 침해당하면 '성과'나 '이익'을 목적으로 하게 된다. 이 또한 '놀이'가 아니다.

> 놀이와 일상생활이 섞이면 놀이의 본질 자체가 흐려지고, 파멸할 염려가 있다는 것은 쉽게 예견할 수 있다.
>
> 《놀이와 인간》

이제는 카유아도 예측하지 못했던 다양한 '놀이' 형태가 존재한다. 그런데 이 형태도 점점 달라지고 있다. 불과 몇 년 사이에 이 세상에서 사라져버린 놀이가 얼마나 될까. 잇달아 등장해 세상을 떠들썩하게 하는 게임기나 굿즈, 애니메이션과 영화 등 다양한 미디어와의 컬래버레이션, 그리고 인터넷상의 가상공간. 이런 것들로 가득한 일상은 우리의 '놀이'에 교묘하게 이익이나 우월감을 숨겨놓고 있다.

하지만 실러도 하위징아도 카유아도, 이러한 '놀이' 환경에서야말로 진정한 놀이를 찾아내려 할 것이다. 이제 놀이를 통해 인간을 규명하는 시대가 된 것이다.

첫머리 인용문에 나오는 '자신의 행위에 대한 모든 걱정에서의 해방'이 핵심이다. 이것은 여섯 가지 요소와 깊이 관련된다. 놀이가 자유로운 까닭은 유용성과 생산에서 해방되기 때문이다. 여기에 'AI가 아니라 인간'이란 힌트가 있다.

한나 아렌트(3.7 참조)는 생산과 소비에 우리를 몰아넣는 경제를 '낭비 경제waste economy'라 불렀다. 현대는 온갖 행위가 낭비 경제에 공헌하는 시대다. 이런 시대이기에 더욱더 놀이에 진지하게 임하는 것이 지금까지보다 훨씬 중요해진다.

"왜 노는 거야?" 하는 질문은 필요 없다. '놀이'는 무언가를 생산하지 않는다.

우리를 둘러싼 이야기를 해보자. 우리는 '성과', '성공', '목적'에 과하게 강박적이지 않은가? 즉 스스로를 몰아넣고 있지는 않은가? 하지만 그것들에서 자유로운 '놀이'가 사라진 미래는 인간이 소멸한 미래, 인간이 완전히 데이터화된 미래일지도 모른다.

'창조는 놀이에서 생겨난다'는 메시지가 살아남는 한, 인간의 미래는 남아 있을 것이다.

파스칼: 섬세함

왜 예술은
필수과목이 되지 못하는가?

섬세한 정신은 일반적으로 사용되고 있고 또 모두의 눈앞에
있다. 굳이 관심을 쏟거나 무리할 필요도 없다.

《팡세》

'예술'과 '과학'을 함께 체득한다. 수많은 기업이 인재 육
성 프로그램에 경영 리더에게 꼭 필요한 요소로 예술을 포함
하기 시작했다. 하지만 이 비법은 이미 400년 전 파스칼이 제
언한 바 있다.

파스칼은 과학 영역에서 큰 공적을 남겼다. 또 철학 연
구의 주제가 되기도 한다. 하지만 그의 인생 전체를 보면 사
실 그 공적은 부정적 측면이다. 원래 《팡세》는 미완성 저서다.
게다가 타인의 손으로 탄생했다. 기록으로 남긴 유고를 그의

사후에 정리해 공표한 것이다. 그것이 《팡세》라는 제목[1]의 유래다. 《팡세》는 파스칼 자신이 붙인 제목이 아니다. 그렇다면 파스칼은 무엇을 목표로 글을 썼을까.

연구자들은 파스칼이 남긴 초고를 '기독교 호교론護敎論'이라 불렀다. 즉 그는 기독교가 옳음을 증명하려고 했던 것이다. 그것은 필연적으로 올바른 신앙의 모습으로 결부된다. 이 '옳음'은 외부만이 아니라 기독교 내부로도 향했는데, 오히려 내부에 대한 비판이 더 격렬했다. 그가 동조했던 포르 루아얄파Port Royal派가 로마교황에게 이단으로 단죄되어 박해를 받았기 때문이다.

여기서 신앙을 운운할 수는 없다. 하지만 신앙에 대한 파스칼의 열정은 우리에게 하나의 혜택을 가져다준다. '섬세함'이라는 시점이다. 기하학의 근간이 되는 이성은 종종 그 유한성을 무시하는 경향이 있다. 파스칼은 이 월권행위를 '미아가 된 이성'이라고 표현하는데, 그렇기에 반드시 신중해야 한다. 그것을 가능하게 하는 것이 전체를 단번에 내다보는 힘, 곧 섬세함이며 바꿔 말하면 '직관'이다. **직관은 '순식간에 행동한다'**. 문제는 이러한 직관이 어떻게 꽃피우는가 하는 점이다.

이성을 배우는 일은 이성의 한계를 아는 일이다. 그리고 우리는 이성의 한계에 갈등을 계속한다. 그 갈등이 어느 순간

---

1   팡세(penseés)는 '생각들'이라는 뜻. (옮긴이)

갑자기 비약을 낳는다. 그때 싹트는 힘이 직관이다. **전체는 무한하며 그들을 느끼는 것은 이성이 아니라 직관이다.** 첫머리에서 소개한 '섬세한 정신은…'에는 뒤에 이어지는 문장이 있다.

> 문제는 좋은 안목을 갖는 일이다. 그렇기에 섬세한 정신을 제대로 작동시켜야 한다. 섬세한 정신이 사용되는 원리는 극히 미묘하고 다양하기 때문이다.
>
> 《팡세》

파스칼에 따르면 **이성과 직관을 잇는 확실한 단계는 없다.** 즉 **학교나 기관에서 습득할 수 있는 것이 아니다. 우리는 각 체험에서 직관으로 비약하는 수밖에 없다.** 싹이 없으면 꽃이 피지 않는 것과 마찬가지로 직관의 눈은 누구에게나 허용되는 것이 아니다. '예술과 과학'의 프로그램은 일종의 '도박'이다. 그렇다고 해서 '섬세함'이라는 시점을 포기할 수는 없다.

만약 파스칼이 장수했더라면 어떻게 됐을까 생각하게 된다. 무한을 직관적으로 파악하는 수학자들은 종교자라고 볼 수도 있다. 교육자로 활동하는 인물도 있다. 일본의 수학자 오카 기요시(1.1 참조)도 그중 한 사람이다. 그는 《정서의 교육 情緖の敎育》에서 생텍쥐페리의 《어린 왕자》를 참조해 '아이들의 세계는 물건 자체, 일 자체를 중요하게 여기는 세계다'라고 강조했다[2].

아이들은 '직관', '섬세함'이란 힘을 갖추고 있다. 우리는 이성에 의해 논리적 사고를 형성해서 성인이 된다. 그리고 마침내 그 한계를 알고 고통에 몸부림치면서 한계를 돌파하는 힘을 발현하는 건지도 모른다.

'섬세함'은 '기하학'과 달리, 누구에게나 허용되는 힘이 아니다. 오히려 '타고난 재능'이기도 하다고 파스칼은 강조한다. 그러나 현대는 뷰카VUCA 시대로 불린다. 즉 변동성Volatility · 불확실성Uncertainty · 복잡성Complexity · 모호성Ambiguity의 시대다. 이는 무슨 의미일까?

미래에 의지가 되는 것은 '섬세함'이다. 그 힘을 가진 자는 누구인가? 자신 이외의 누군가를 찾아야 할까? 그게 아니라면?

자신에게 그 힘이 있는지 없는지는 알 수 없다. 그러나 해보지 않으면 알 수 없다. 그러므로 시대는 우리 개개인에게 "해봐라!" 하고 요구하는 것이다.

---

2   《어린 왕자》에는 '어른들은 이름이나 숫자를 알면 상대를 다 이해했다고 생각하지만, 아이들에게는 물건이나 일 자체가 중요하므로 숫자 같은 건 중요하지 않다'는 내용이 나온다. (옮긴이)

인간에게 유통기한이 있을까?

기묘하게도 인간은(소박한 눈에도, 그것과 관련된 인식은 소크라테스 이후 가장 오래된 탐구 과제였다고 보이지만) 아마도 사물의 질서 속에 있는 하나의 균열, 어찌 됐든 사물의 질서가 지식에서 최근 얻은 새로운 배치에 의해 그려진, 하나의 배치 외에 아무것도 아니다. 새로운 인간주의(휴머니즘)의 모든 환상도 인간에 대한, 절반은 실증적이고 절반은 철학적인 일반적인 반성으로 간주되는 '인간학'의 모든 안이함도 거기에서 생겨났다.

《말과 사물》

생물의 시점에서 오랜 진화가 이루어진 결과, 인간이 탄생했다. 그리고 우리는 인간으로 태어나 일을 하고 가족을 이루고, 나이 들어 죽는다. 하지만 만약 AI의 도래와 의학의 발달로 과로에서 해방되고 아이를 갖는 것도 불필요해지며 불로불사가 가능해진다면 여전히 인간으로서 살아간다고 할 수 있을까.

밴 보그트[1]의 작품 《비非A의 세계The World of Null A》나 일본의 만화가이자 애니메이션 감독 데즈카 오사무의 《불새》 등 수많은 SF 작품은 불로불사로 인간성을 잃을 것이라고 경고한다. 이 두려운 신세계에 우리는 속수무책으로 당하는 것일까? 아니면 '인간'에서 탈피한 '포스트휴먼'의 미래가 찾아올 것인가? 레이 커즈와일[2]이 《특이점이 온다》에서 예언한 미래가 도래할 때 '인간'은 어떻게 될까.

하지만 푸코라면 걱정하지 않을 것이다. '인간'의 정의는 사회와 시대에 따라 달라지기 때문이다.

1971년 11월 네덜란드에서 놈 촘스키[3]와 미셸 푸코가 '인간성'에 대해 격렬한 토론을 벌였다. 두 사람이 좌익 진영의 스타였기 때문에 스포츠 경기를 능가할 정도로 주목받았다. 촘스키는 베트남전쟁을 비롯해 미국의 외교정책을 전면적으로 비판하는 아나키스트[4]로 알려져 있었고, 푸코는 프랑스 교육제도, 정신의학, 형무소 등의 개혁에 힘쓴 인물이었다. 같은 산을 각자 다른 쪽에서 뚫는다고 일컬어지던 두 사

---

1   앨프리드 엘턴 밴 보그트(Alfred Elton van Vogt, 1912~2000): 캐나다 출신의 SF 작가.

2   레이 커즈와일(Ray Kurzweil, 1948~): 미국의 사상가이자 발명가.

3   에이브럼 놈 촘스키(Avram Noam Chomsky, 1928~): 미국의 언어학자로 '생성문법' 창시자.

4   anarchist, 무정부주의자. (옮긴이)

람은 '인간'을 이해하기 위한 시점이 특히 달랐다.

촘스키는 언어를 말할 수 있는 능력을 '인간성'의 출발점으로 보았다. 인간의 뇌에 언어를 말할 수 있는 하드웨어가 있고 프랑스어, 영어, 일본어 등의 언어는 소프트웨어다. 프랑스어를 사용하는 환경에서 자라난 아기는 자연히 프랑스어를 말할 수 있게 된다. 하지만 뇌에 언어를 습득하기 위한 하드웨어를 갖추지 못한 동물에게 프랑스어로 계속 말을 걸어도 그들은 언어를 습득하지 못한다. 인간은 어디에서 태어나든 언어를 말할 수 있게 된다. 그렇게 해서 환경과 인간의 관계가 성립된다. 촘스키는 비언어 커뮤니케이션을 부정하지 않지만 **언어가 '인간성'의 존재를 증명한다**고 강조했다. 반면 푸코는 **시대와 사회 환경에서 '인간'에 대한 사고방식이 변화한다**고 주장했다. 오히려 '인간'이 존재하지 않는 시대도 있고 앞으로 '인간'이 사라질 가능성도 있다는 것이다.

'인간'은 최근의 발명에 관련되어 있고, 두 세기도 지나지 않은 하나의 형상이며, 우리가 지닌 지식의 단순한 경계에 지나지 않고, 지식이 한층 새로운 형태를 찾아내기만 한다면 조만간 사라져 없어질 거라고 생각하는 것은 얼마나 깊은 위로이며 힘을 불어넣어주는가.

《말과 사물》

촘스키는 푸코를 중심으로 한 철학가들이 주장하는 '포스트구조주의'와 '탈구축주의'를 과학적 근거가 없는 연구라며 오랜 세월 동안 비판해왔다. 부분적이지만 촘스키의 지적이 옳은 면도 있다. 두 사람이 주장하는 사상의 상이점은 사회 활동에까지 적용된다. 촘스키는 정부나 대기업을 비판하고 미디어 프로파간다의 문제에 주목했다. 푸코는 지식으로 생겨나는 권력, 그리고 그 권력에 조종되는 사람들을 해방하는 방법을 생각했다.

우리는 '사랑'이나 '가족', '인간' 등을 영원불변의 개념이라고 믿는다. 그러나 17세기 프랑스인에게는 성격과 취미가 비슷한 상대와 평등한 관계를 맺고 두 사람의 아이를 낳아 그 아이가 아버지와 완전히 관계없는 일을 하게 될 거라고는 상상할 수 없었을 것이다. 사랑이나 가족과 마찬가지로 '인간'도 보편적 개념이 아니다. 19세기 이전에 '인간'에 대해 생각하지 않았던 것은 아니다. 하지만 우리의 시점과 달랐다.

인간의 신체와 정신은 19세기부터 연구되기 시작했다. 그러한 연구를 하는 자연과학 관련 분야가 사회의 중심이 되었다. 이렇게 해서 '인간'은 죽음에 직면하는 존재인 동시에, 그 존재에 대한 지식을 늘려가는 주체로 확립되었다. 그러나 푸코는 이러한 인간주의를 다시 살펴보라고 촉구한다. 인간주의는 우리를 감시하고 생의 가능성을 제한하는 지식이 되기도 하기 때문이다. 가까운 미래에 AI 등이 '인간'을 다시 정의하는 시기가 올지도 모른다.

컴퓨터와 의료의 발달로 인간은 병과 죽음을 극복하는 존재가 될 수도 있다. 하지만 이러한 미래의 도래보다 먼저 신종 '인간'이 나타나고 있다. 스마트폰과 인터넷이 보급된 데다 코로나 팬데믹 이후 우리는 집에서 일하고 외출하지 않고도 욕망을 채우고 만족할 줄 알게 되었다. 자본주의사회를 유지하기 위한 바람직한 소비자로 사는 생활이다. 컴퓨터는 인간을 해방할 뿐 아니라 인간을 생산·소비하는 가축으로 만들었다. 과연 푸코는 이러한 인간을 예상했던 것일까. 인간의 가축화는 철학의 중요한 논점이 되었다.[5]

---

5   독일의 철학자 페터 슬로터다이크Peter Sloterdijk의 《인간원의 규칙(Regeln für den Menschenpark)》과 일본의 철학자 모리오카 마사히(로森岡正博)의 《무통문명》을 추천한다.

사르트르 : 고매성

비상사태를
극복하는 정신이란 무엇일까?

독서란 작가와 독자 사이에 맺은 고매성의 협약이다. 서로 상
대방을 신뢰하고 상대에게 기대하며 상대가 자신에게 요구하
는 만큼 상대에게 요구한다. 그러한 신뢰 자체가 고매한 마음
이다.

《문학이란 무엇인가》

요즘처럼 '비상사태', '긴급사태'라는 말이 우리 일상을
전 세계적으로 압박한 적이 있을까? 정치적 압력으로 국민의
모든 행동을 억제하는 것이 이 상황을 극복하는 해결책 중 하
나일지도 모른다. 하지만 지금은 민주주의 시대다. 우리의 정
치가들은 분명 답답해하고 있을 것이다. 정치가들이 스스로
부끄럽고 창피하게 생각하는지는 묻지 않기로 하자. 과제는

국민 한 사람 한 사람에게 주어져 있기 때문이다. 우리는 어떻게 행동해야 하는가? 사르트르가 살아 있다면 '고매성'과 '호소'로 이에 대응했을까.

'고매성'은 프랑스어로 'générosité'다. 사전을 찾아보면 '관대함,' '도량이 넓음', '이타성' 등으로 설명되어 있다. 사르트르는 '고상함,' '최고봉'이라는 뉘앙스도 추가했다. 따라서 사르트르의 'générosité'를 '고매성'이라고 번역하는 것이 통례다.

'고매한 인물'이라고 하면 누구를 꼽겠는가? 전 세계로 시선을 돌리면 인도의 지도자 간디나 평생 가난하고 병든 사람들을 돌본 테레사 수녀를 떠올릴 것이다. '이타성'을 바꿔 말하면 자기희생이나 무사무욕無私無欲이라고 할 수 있다. 여기에 사람들을 이끄는 역할도 추가된다. '고매성'이란 보기 드문 인격일지도 모른다.

'고매성'에 주목한 인물은 사르트르가 처음이 아니다. 데카르트(1.3 참조)는 《정념론》에서 '인간이 정당할 수 있는 한계까지 자신을 중시하도록 한다'라고 정의했다. 데카르트에 따르면 '고매한 정신'은 다른 정념情念[1]을 자신의 의지로 지배하는 자유로운 정신이다. 외부 자극이라는 수동의 정념을 자신을 중시하고 존중하게 하는 이유로 전환시키는 정신이다. **'우리**

---

[1]   데카르트는 경이, 사랑, 미움, 욕망, 슬픔, 기쁨 등 여섯 가지 감정을 기본 정념이라고 정의한다.

가 정당하게 칭찬 또는 비난받을 수 있는 것은 단지 이 자유의지에 의거
하는 행동뿐'(《정념론》)이다.

> '고매한 정신'을 지닌 인간은 누구에게도 의지하지 않고 모든
> 이를 존중한다. 자신 외의 것에 의존하는 것은 자신을 배신하
> 는 일인 동시에 타인을 경시하는 일이다. 따라서 '고매한' 사람
> 들은 가장 겸허한 사람들이다. 그리고 기품 있는 겸허는 우리
> 의 나약한 본성을 반성하게 하고 우리가 예전에 저질렀을지도
> 모르는 혹은 지금도 저지를 수 있는 과오를 반성하게 하며, 그
> 것들이 타인의 과오에 못지않은 큰 잘못임을 반성하게 한다.
>
> 《정념론》

사르트르의 '고매성'은 데카르트의 정의를 계승한다. 그는 고매성을 '자유에서 생겨나 자유를 목적으로 하는 감정'(《문학이란 무엇인가》)이라고 정의한다. 데카르트가 정의하는 고매성의 요점은 자신의 자유와 타인의 자유를 서로 존중하는 데 있으며, 자유를 존중하는 자의 인품에는 지배나 강제가 섞여 들어가면 안 된다고 한다. 이러한 내용은 사르트르가 쓴 《문학이란 무엇인가》의 주제가 되었다.

사르트르는 글쓰기를 통해 독자에게 호소한다. 이러한 호소를 가능하게 하는 것이 서로의 '고매한 정신'이다. 작가는 작품을 창조한다. 독자도 작가의 호소에 응해 창조한다. 독자는 단지 읽

기만 하는 존재가 아니다. 작가는 글 쓰는 행위를 통해 독자에게 행동을 촉구하고 호소한다. 그것이 '**상대방을 신뢰하고 상대에게 기대하며 상대가 자신에게 요구하는 만큼 상대에게 요구하는**' 일이다. '투기'(5.2 참조)로 바꿔 말하면, '우리 개개인의 목적(의도)은 우리가 그렇게 하려고 전체적으로 계획하는 범주 안에서 계산된다'(《존재와 무》)라고 할 수 있다. 우리가 미래를 걱정해서 행동할 때 반드시 동료가 생긴다. 이해관계로 연결되는 동료가 아니라, 서로 자유를 건 동지다.

사르트르는 《도덕을 위한 노트Cahiers pour une Morale》에서 고매성의 희소가치를 '자유가 나타나는 순서로 가치를 분류한다. 그 정점에는 고매성이 있다'라고 분석했다. 자유란 상황에 구속되는 자기를 인정하는 일이며 자신과 타자를 행위로 구속하는 일이다. 사르트르의 특기라고 할 수 있는 역전의 발상이다. **이해득실을 초월하고 자발성에 자극받는 대등한 동료들에 의해 미래가 창조된다.** 그 동료들에게서 공통적으로 볼 수 있는 점이 '**고매한 정신**'이다.

인간의 역사는 비상사태의 연속이었다고 할 수 있다. 감염증 하나만 봐도 항상 인간은 비상사태와 이웃하며 살아가고 있다. 전쟁의 형태도 계속 변화한다. 세상은 언뜻 보면 평화롭지만 인터넷 속 세상은 어떨까? 하나의 단어가 수많은 사람을 공격하는 무기가 될 수 있다. 비상사태가 아닌 시기는 없다고 각오하는 편이 좋을지도 모르겠다. 문제는 그러한 상황에서 우리는 어떻게 할 것인가, 하는 것이다. 선택은 자유다. 관리받고 통제되면서 물건으로서 살아갈 것인가, 아니면 미래에 자신을 내던지면서 인간으로서 살아갈 것인가? 서로 '고매한 정신'을 주고받으면서 살아가면 인간의 미래를 지킬 수 있을 것이다.

베르그송 : 사랑

진실한 사랑에 어울리는 사람은?

창조적 에너지는 사랑이며, 자신으로부터 사랑받을 만한 모든
존재를 이끌어내고자 한다.

《도덕과 종교의 두 원천》

디즈니 영화 중 〈미녀와 야수〉가 있다. 에마 왓슨이 연기
한 주인공 벨은 다른 디즈니 영화의 공주들과는 확연히 다르
다. 감독 빌 콘던은 "벨은 그저 왕자를 기다리는 게 아니라 스
스로 행동하는 독립된 존재입니다"라고 설명했다.

그런데 〈미녀와 야수〉가 원래는 18세기에 발표된 소설
이라는 사실을 아는 사람은 많지 않을 것이다. 게다가 프랑스
여성 두 명의 손을 거쳐 세상에서 인정받은 이색적인 작품이
다. 오리지널인 가브리엘수잔 바르보 드 빌뇌브^{Gabrielle-Suzanne}

Barbot de Villeneuve의 작품은 내면 묘사가 여러 단계로 이루어져 있고 완전히 어린이용은 아니다. 16년 후 오리지널 스토리를 잔마리 르 프랑스 드 보몽Jeanne-Marie Le Prince de Beaumont이 대폭 수정했는데, 이 작품이 크게 히트 쳤다. 그리고 장 콕토[1]를 비롯한 많은 감독이 제작한 영상 작품을 거쳐 디즈니판 〈미녀와 야수〉에 이르렀다. "주제가 뭔가요?"라고 물으면 십중팔구 '진실한 사랑'이라고 답할 것이다.

베르그송이 '사랑'을 시사한 《도덕과 종교의 두 원천》은 실질적으로 그의 마지막 저서다. 이에 앞서 발표된 《창조적 진화》에서 그 유명한 '엘랑 비탈'이 등장한다. 엘랑 비탈은 '이마주'(5.5 참조)처럼 프랑스어 'elan vital'의 음을 그대로 옮긴 말이다. 굳이 번역하자면 '생명의 약동'이다. 생명을 진화시키는 돌발적인 약동을 뜻한다. 이는 내적인 힘에 의한 것으로 그 시작은 결코 예측할 수 없다. 폭발은 생명을 여러 방향으로 나누어 가른다. 엘랑 비탈을 이해하기 위해서는 '지속'과 '창조력'을 언급해야 한다. 프로그래밍되지 않는 불가역한 '지속'(2.7 참조) 상태에서 자신의 내측에 '창조력'을 품은 생명이 불현듯 개별의 생명을 버리고 생명의 총체를 진화시키는 것이다.

---

1   장 콕토(Jean Cocteau, 1889~1963): 20세기를 대표하는 프랑스의 예술가. 스스로 본분으로 정한 시작을 비롯해 소설, 그림, 영화 등 다채로운 분야에서 활동했다.

《도덕과 종교의 두 원천》에서 베르그송은 '엘랑'을 '사랑'에도 계승한다. '엘랑 다무르_élan d'amour'다. '사랑의 약동'이라고 번역할 수 있을까. 그런데 '엘랑 다무르'는 우리가 자주 화제로 삼는 '진실한 사랑'과는 전혀 차원이 다르다.

> 엘랑 다무르는 신비주의자들을, 그리고 인류를 신으로 격상시키고 신이 창조를 완성하도록 작용한다.
>
> 《도덕과 종교의 두 원천》

베르그송은 '엘랑'을 '화산의 갑작스러운 융기'에 비유했다. 그리고 이러한 융기를 가능하게 하는 신비주의자들은 더 큰 생명력을 지니고 몽상을 실현하는 뛰어난 에너지의 소유자다. 그중 한 사람으로 잔 다르크를 꼽을 수 있다.

> 신비주의자들을 불태우는 사랑은 신에 대한 인간의 사랑이 아니라, 모든 인간에 대한 신의 사랑이다. 그들은 신을 통해서, 신에 의해서, 모든 인류를 신성한 사랑으로 사랑한다.
>
> 《도덕과 종교의 두 원천》

그들은 인류 전체에 헌신함으로써 인류 전체에 대한 사랑에 의해 사랑받는 사람들이다. 기독교의 '신'이나 '신비주의'에 진정으로 다가갈 수는 없을 것이다. 그는 신비주의에서 벗어나 철학자나 작가의 창조력에 대한 고찰로 돌아섰다.

> 철학자는 신비주의자가 신의 본질 자체를 보는 사랑을 창조적
> 에너지로서 그렸다.
>
> 《도덕과 종교의 두 원천》

철학자에게 창조란 '새로운 세대에 대해 그때마다 완전히 새로운 측면을 나타내는' 일이다. 그렇게 하기 위해 철학자는 언어를 다듬고 사고를 단련하며 개념을 창조한다. 이는 실현 불가능한 일을 실현하고자 시도하는 것이며, 결코 철학을 생업으로 삼는 자들이 아니다. 창조하는 철학자들은 언제 목표에 다다를지 같은 건 계산하지 않는다. 애초에 목표 따위를 상정하지 않는다. 창조적인 에너지가 되는 **'사랑은 그 본질에 의해 사랑이 되는 것이며 그 대상에 의해 사랑이 되는 것이 아니기'**(《도덕과 종교의 두 원천》) 때문이다.

사랑을 이야기하는 철학자는 베르그송만이 아니다. 어쩌면 오히려 철학자들은 사랑에 자극받고 마음이 움직여 철학을 해왔다고도 할 수 있다. 칸트는 《실천이성비판》에서 '사랑은 강요받는 것이 아니며 의무가 될 수 없다'고 분석했다. 스피노자는 《에티카》에서 '사랑은 외부 원인의 관념을 동반한 기쁨'이라고 정의했다. 또 '사랑으로 이루어지는 것은 항상 선악의 피안에 있다'라고 파악한 인물은 니체였다. 에리히

프롬은 '사랑은 능동적인 활동이다. 사랑의 한가운데로 '떨어지는' 것이 아니라 '스스로 발을 들여 넣는 것이다'(《사랑의 기술》)라고 강조했다.

낭시(4.6 참조)는 아이들을 대상으로 한 '작은 강연회'에서 "사랑이 이야기되고 사랑이 그곳에 생기려면 언제든 사랑이라는 말을 직접 해야 합니다. 요컨대 모든 사랑은 누군가에게 '당신을 사랑합니다' 하고 말함으로써 생겨나는 것이지요"(《신, 정의, 사랑, 아름다움》)라고 가르쳤다.

바타유 : 지고성

세계는 왜 선에 주목하는가?

유용성을 넘어선 피안이야말로 지고성의 영역이다.

《지고성La Souveraineté》

자본의 영역에서 인간은 '자본의 자기 증식에 유용'할 수밖에 없다. 그것이 바타유의 인간관이다.(2.4 참조) 유용성에 머무는 한, 인간은 스스로 추구하고 멸망할 것이다. 이 궁지에서 벗어날 수 있는 비책으로 바타유는 '지고성至高性'을 제시한다.

그는《저주받은 몫》에서 미국의 정치가 벤저민 프랭클린의 말을 인용하고 있다.

시간은 돈이라는 사실을 잊어서는 안 된다. 하루에 10실링을 벌어야 하는데 하루의 반을 집에서 빈둥빈둥 보내는 사람은 비록 자신의 즐거움을 위해 6펜스밖에 쓰지 않았다고 해도 그 것만 계산해서는 안 된다. 그는 5실링을 써버렸거나 물속에 던져버린 것이나 다름없는 것이다. 돈에는 번식력과 다산력 이 있다는 것을 잊지 말아야 한다. 돈은 돈을 낳고 이자가 이 자를 낳는다. 나아가 그 이자가 계속해서 이자를 낳는 것이다. 5실링이 6실링이 되고, 또 7실링 3펜스가 되었다가 마침내는 100파운드가 된다. 돈은 많으면 많을수록 늘어나며 이익은 점 점 더 빠르게 증가한다. 돼지 한 마리를 죽이는 자는 새끼 돼지 수천 마리를 죽이는 것과 마찬가지다. 5실링짜리 동전을 버린 사람은 거기에서 생겨날 모든 동전을 없애는 셈이 된다.

《저주받은 몫》

우리는 자본에 있어 유용한 인간으로 인정될까? 그렇 지 않다면 '지고성'이라는 시점에서 도전해보자. 바타유는 니체를 인용해 지고성을 황금에 비유하고 그 가치를 설명하 고 있다.

황금은 희소하고 무용하며 온화한 빛으로 빛난다. 황금은 항 상 자신을 증여하고 있다. 증여하는 자의 눈빛은 황금처럼 빛 나고 있다.

《저주받은 몫》

황금의 가치. 그것은 '최고로 도움이 되지 않는' 데 있다. 여기서 당연히 예기된 비판이 따른다. '그런 도움이 되지 않는 상황에서 무엇을 할 수 있는가? 인생을 헛되이 하는 건 아닐까?'

그 답이 바타유식 '도박'이다.

> 도박은 행동이 그것을 행하는 주체에게 도움이 되도록 설정하지 않는다.

《니체에 관하여 Sur Nietzsche**》**

유용성에서 미래를 인식하려고 하면 미래는 위축되고 빈곤해질 것이다. 그것은 유용성에 사로잡힌 인간의 빈곤에 비례한다. '지고성'의 시점에서 미래 자체에 자신을 스스로 내던져보자. 그렇게 해야 비로소 미래의 풍요로움을 되찾을 수 있다. 이는 곧 '유용한 자신'을 없애는 일이다.

도박의 본질은 성과가 아니라 행위 자체의 가치를 인정하는 데 있다. 바타유식 '도박'은 투기가 아니다. 지고성의 시점은 '유용한 자신'과 동시에 결과도 무無로 만드는 '무의 시점'이다. 이는 선禪과 친숙한 시점일 것이다. 실제로 《니체에 관하여》에서 바타유는 선에 대한 고찰에 많은 분량을 할애하고 있다.

선의 깨달음은 우스울 정도로 번잡한 절차를 거쳐 비로소 다

다른다. … 사람은 고통에 쓰러지고 나서, 즉 고통에 침식당한 후에야 깨달음에 이른다.

《니체에 관하여》

'온화한 빛으로 빛나는 희소하고 무용'한 눈은 무구한 눈이 아니다. 기존의 시점을 무화無化하는 에너지 넘치는 눈이다. 그런 인물은 세상에서 기인이나 괴짜로 비칠 것이다.

'유용하고 가난한 인간'으로 계속 존재하는 선택지도 있다. 그 사람은 자본의 증식 운동에 유용한 톱니바퀴가 된다. 우리의 가능성이 그것을 허용한다면 톱니바퀴로 머물 수도 있다. 하지만 고양된 우리의 감정은 도박에 몸을 던질 기회를 기다리고 있을 것이다.

사랑하고 존경하며
아낄 것을 맹세합니까?

성실함은 진정으로 창조적일 때만 살아 있다.

《거절에서 기원으로Du refus à l'invocation》

　인간관계에 꼭 필요한 것은 무엇일까? 부부애, 우애, 애사심 등 '사랑'도 대답 중 하나일 것이다. 그러나 '사랑'만큼 일상적이면서 이해하기 힘든 것도 없다. 그렇다면 '성실함'은 어떨까? 가브리엘 마르셀은 '성실함'을 인간관계의 중심에 두었다.

　'성실함'은 무사도에서도 최상의 정신이다. 가령 일본 에도시대 말기 교토 수호직 소속 경비 부대인 신센구미新撰組가 내건 기치는 '성실誠'이었다. 당시부터 현재까지, 이는 많은 사람의 마음에 울림을 준다. 왜 '성실'일까? 그 기반에는 유교

사상, 그리고 일본 불교와 신도神道가 자리하고 있다. 《중용》에는 '성자 천지도야 성지자 인지도야誠者 天之道也, 誠之者 人之道也'라는 말이 있다. '성실함은 하늘의 도요, 성실하게 하는 것은 사람의 도리다'라는 뜻이다. 유교에서 '성실'은 천지의 법칙이며 인간의 본성이기도 하다.

그리고 '성誠'이라는 한자의 구성도 중요시된다. '말씀 언言 변에 이룰 성成'이 붙은 형태로 '한번 말한 것은 반드시 지킨다'라는 의미다.

'성실함'과 떼어놓을 수 없는 개념이 있다. 바로 '약속'이다. 문득 이런 의문이 든 적은 없는가. 결혼식에서 왜 '혼인 서약'을 하는 것일까.

"신랑은 여기 있는 신부를 병들었을 때나 건강할 때나, 부유할 때나 가난할 때나 아내로서 사랑하고 존경하며 아낄 것을 맹세합니까?"

그런데 만약 이렇게 대답한다면 어떻게 될까?

"확실하게 약속할 수는 없지만 가능한 한 노력하겠습니다."

이런 대답이 통한다면 신뢰 관계가 전혀 성립되지 않을 것이다. 결혼식에서는 "맹세합니까?"라는 질문에는 "네, 맹세합니다"라는 답만 허용된다. 이 형식에 대한 반발은 쉽게 상상할 수 있다. '어차피 배신할(배신당할) 거라면 처음부터 약속 같은 건 하지 않는 게 좋다'라는.

우리가 사는 세계에서는 항상 한순간 한순간, 모든 형식으로 배신할 수 있다. 그것만으로는 충분하지 않다. 모든 사람이 모든 사람에 의해, 모두 배신당할 수 있다. … 우리가 사는 세상의 구조 자체가 배신을 권장하는 것이다. … 우리 세계의 본질이 필시 배신이다.

《존재와 소유》

어차피 배신할(배신당할) 거라면 성실함도 무력하고 허무한 것일까? 그렇지 않다. **항상 배신당할 가능성이 있기에 더욱더 '성실'할 수 있는 것이다.**

"사랑할 것을 맹세합니까?"라는 질문을 받는다면 "네, 맹세합니다" 하고 대답하자. 이것이 성실한 대답이다. 다만 '맹세'의 항목(이를테면 생활비 분담, 연 수입 하한선, 육아 분담, 불륜 금지 등)을 열거해서 빼놓지 않고 확인하는 것은 '성실'이 아니다. 결혼 생활이 길어지고 두 사람의 관계가 달라진 시점에서 '맹세'를 바꾸는 것도 '성실'이 아니다.

내가 약속할 때는 그 약속은 재검토되지 않는 것으로 한다. 재검토하지 않는다는 적극적인 의지는 … 내게 어떤 삶의 방식을 만들어내도록 북돋는다. … 여기서 내가 '창조적 성실fidélité créatrice'이라고 칭하는 것이 나타난다.

《거절에서 기원으로》

이 '창조적 성실'은 '신앙'으로 연결된다. 여기서 질문을 하나 해보겠다.

결혼식 맹세는 누구에게 하는 것일까? 사람들은 종종 착각하는데, 눈앞에 있는 사랑하는 사람에게 하는 게 아니다. '신'에게 맹세하는 것이다. 인간이라는 빈약한 존재가 배신을 본질로 하는 사회에서 살아간다면 인간끼리의 '약속'은 믿을 수 없다. 진정한 '성실함'이란 신(과 같은 존재)을 향해 흉금을 털어놓는 것이라 할 수 있다. 이렇게 해서 '성실함'은 미래로 열린 창조적인 것이 된다.

여담으로 마르쿠스 가브리엘[1]의 이름을 처음 들었을 때 '앗! 가브리엘 마르셀이 환생했나?' 싶어 가슴이 두근거렸던 사실을 밝힌다. 어쨌든 과학에서의 인간 윤리의 재요청, 자본에 의한 인간 소외에 대한 재주목은 수많은 사람으로 하여금 철학의 해방을 기대하게 한다. 일본의 옛 철학자들은 마르셀에 대해 이렇게 평가하고 있다.

'어려운 개념을 나열하지도 않고 에두른 논증이나 진부한 논리도 없이 담담하게 존재의 진실을 호소해나간다'(《인간의 존엄人間の尊厳》)고 한 사람은 비교철학자 시다 쇼조信太正三다. 프랑스 철학 연구자이자 번역가 마쓰나미 신자부로松浪信

---

1 마르쿠스 가브리엘(Markus Gabriel, 1980~): 현대를 대표하는 젊은 철학자. 저서 《왜 세계는 존재하지 않는가》가 전 세계적인 베스트셀러가 되었다.

三郎는 '마르셀은 자신의 이(철학이라는 탐구의 여정) 발자취를 다른 사람에게 말하고 책으로 기록했다. 하지만 마르셀은 자신과 똑같은 발자취를 남기기를 남들에게 요구하지 않는다'(《존재의 비밀》)고 평가했다.

　　신체로서 마르셀은 세상을 달리했지만 사상으로서 마르셀은 우리가 원하면 반드시 다시 올 것이다.

보드리야르가 본 미래

물건에 조종되는 인간

장 보드리야르Jean Baudrillard는 현대 프랑스를 대표하는 철학자다. '무인양품'을 창업한 쓰쓰미 세이지堤淸二는 보드리야르의 대표작《소비의 사회》에 영향을 받았다고 털어놓았다.

보드리야르는 대량 소비하는 인간의 미래를 고찰하기 위해 꼭 필요한 수많은 시점을 남겼다. 클로소프스키(4.3 참조)의 뒤를 이은 '시뮬라크르'는 오리지널에 상대되는 가짜를 만들어내는 일이었다. 이것이 산업혁명 후 대량생산이 가능해지자 진품과 복제품의 경계가 모호해졌다.

대량생산된 물건은 서로 상대를 규정할 수 없는 무한한 시뮬라크르가 된다. 물건만이 아니다. 그것들을 생산하는 인간 또한 그러한 시뮬라크르가 된다.

《상징적 교환과 죽음L'échange Symbolique et la Mort》

그리고 현대. 세 번째 '시뮬라크르'에서는 오리지널이

소멸되고 복제가 복제를 낳는다. 오리지널이 있는 것처럼 보이게 해서 아무도 오리지널을 손에 넣을 수 없다. 우리가 획득할 수 있는 것은 다른 인간들과의 '차이'뿐이다. 보드리야르는 이것을 '시뮬라시옹simulation'이라고 부른다.

> 오늘 우리 주위에는 물건의 증가에 의해 야기된 소비와 풍요로움이라는 너무나도 자명한 사실이 존재해 인류의 생태계에 근본적인 변화가 생겨나고 있다. 즉 윤택해진 인간들은 지금까지의 어느 시대에 그랬던 것처럼 다른 인간에게 둘러싸여 있는 게 아니라 물건에 둘러싸여 있다.
>
> 《소비의 사회》

'인간에게 둘러싸인 게 아니라 물건에 둘러싸여 있다'는 것은 나 또한 물건화되고 말았다는 뜻이다.

> 우리를 클론화하는 것은 문화 자체이며, 정신적 클론화는 생물학적 클론화에 훨씬 앞서 존재하고 있다. … 학교, 미디어, 대중문화와 정보를 통해 사람들은 서로 균일하게 복제화되어 있다.
>
> 《불가능한 교환》

'시뮬라시옹'의 시대에는 오리지널이 소멸된다. 인간도

마찬가지로, 그 누구도 오리지널이 될 수 없다. 누구나 복제품이다. 그렇기에 '차이'에 의해 아이덴티티를 확보하는 수밖에 없다. 이러한 타자와의 '차이'에 대한 욕구가 물건의 생산과 소비를 지속시킨다.

시스템 내에서 물건의 가치는 물건 단독으로 성립하지 않는다. 보드리야르의 논고는 소쉬르(1.2 2.6 4.1 참조)를 계승하고 자본주의사회의 분석을 인용한 것이다. 물건의 가치가 물건 자체에 의해 생성되는 시대는 종말을 맞이했고 '차이'를 명시하기 위해서만 잇달아 물건이 생산되는 시대. 이 시스템에 조종당하는 우리는 이미 물건 자체를 원할 수 없고 물건이 가져오는 '차이'밖에 욕망할 수 밖에 없다.

물건이 가져오는 풍요로움의 배경에는 끝없이 이어지는 '소비'와 '생산'이 있다. 그러면 우리는 정말로 원하는 물건을 생산하고 있을까? 아니, '차이'에 대한 절망이 물건의 '생산'과 '소비'로 몰아넣는다. 인간이 물건을 생산하고 관리하는 것이 아니라, 물건이 인간을 조종하고 있는 것이다. 우리는 스스로의 의지로 일하는 것이 아니라 이렇게 눈으로 볼 수 없는 시스템을 유지하기 위해 몸이 으스러지도록 일하게끔 되어 있다.

'시뮬라시옹'의 시대에 '가치'를 결정하는 것은 '차이'를 낳는 시스템이다. 결코 우리 자신이 아니다. 지위도 패션도 행복마저도 '정말로 원하는 것'이 아니다.

가령 최첨단의 고급 스마트폰을 손에 넣는다고 행복해질까? 혹은 높은 지위나 높은 학력이 행복을 보장해줄까? 시스템은 '그렇다'고 우리를 조종한다. 그리고 그것은 항상 기대를 벗어나는 것으로 끝난다. 하지만 그 책임은 물건을 향하게 되고 결코 시스템을 향하지는 않는다. 시스템 자체는 눈에 보이지 않기 때문이다. 그리고 새로운 물건은 끊임없이 생산된다. 이렇게 해서 우리의 소비 활동은 저주받은 것이다. '행복'이 있다고 믿게 하고 물건은 항상 행복을 뒤로 미루면서 우리의 생명을 낭비시키고 있다.

행복은 계량 가능한 것이어야 한다. 행복은 물건과 기호에 의해 계량할 수 있는 물질적 안락이어야 한다.

《소비의 사회》

'계량 가능하다'는 것은 가치의 성립 조건이 된다. 물건은 누구라도 획득할 수 있는 것이어야 한다. 가격의 고저는 문제가 아니다. 가치가 가격으로 수치화되어 있다는 것이 중요하다. 숫자로 표기되는 것은 '확실'한 것이며 수치화할 수 없는 것은 '불확실' 판정을 받아, 물건만이 아니라 인간도 계량의 대상이 되고 말았다. 그리고 지금 우리는 이 '계량 가능성'을 새로 점검할 시기를 맞았다.

앞에서도 언급했듯 현대는 '뷰카vuca' 시대라고 일컬어진다. 이 용어는 '변동성Volatility, 불확실성Uncertainty, 복잡성Complexity, 모호성Ambiguity'의 각 머리글자를 딴 약어로, 특히 비즈니스 분야에서 여러 용도로 사용되고 있다. 그렇다면 뷰카에 대해 위기의식을 느끼고 대책 마련에 당황하는 사람은 물건에 조종당하는 데 길든 사람이다. 가치 시스템에 처음부터 끝까지 의거하는 확실성, 그 확실성이 소멸되면 자신의 경력이나 정체성을 예측할 수 없게 된다. 이렇게 뷰카에 대항하고 '변동을 안정하게', '불확실을 확실하게', '복잡함을 단순하게', '모호함을 명료하게' 하는 것을 목표로 한다. 하지만 이 사고는 스스로 자신의 목을 조른다.

뷰카의 시대에는 이 가치 시스템이 표면화되고 추궁당하게 된다. 뷰카는 기회인 것이다. 그에 따라 '앞으로 우리는 근대 시민사회에서의 자유와는 또 다른, 또 하나의 자유를 손에 넣을 수 있다. 인간은 마침내 그들의 대표자로 대표되는 일에서 해방되고 다른 누군가나 자유 혹은 자유롭게 될 권리를 경유하지 않아도 자유롭게 자신이 될 수 있다.'(《불가능한 교환》)

보드리야르가 본 미래에 광명을 찾아낼 수 있을까? 혹은 '차이에 집착하는 인간'으로 계속 살아갈 것인가? 어느 쪽이든 철학을 기능성과 유용성 측면으로 바라보지 않고, 철학이 시장가치를 벗어나 있는지의 여부가 우리의 미래를 결정하게 될 것이다.

승리가 조금도 확실하지 않은 곳에서 싸우지 말고 사상이 있는 곳에서 싸우기를 선택하라. 이곳이라면 승패는 전혀 문제가 아니다. ⋯ 핵심은 이 점에 있다.

《불가능한 교환》

'만약 역사적, 세계적으로 위대한 철학자들의 훌륭한 생각을 AI에 입력해 인류의 운명을 그에 맡긴다면 우리는 행복해질까?'

이런 생각을 하면서 이 책을 썼다.

감정과 개인적 이익에 조종당하지 않고 합리적으로 지도를 받는 데는 확실히 매력적인 면이 있다. AI가 인간을 넘어 세계를 주무르는 것은 SF물의 전형적인 이야기였다. 그것이 오늘날 현실성을 띠기 시작했다. 최근 화제가 되고 있는 기술적 특이점singularity도 수십 년 후 미래를 명확히 예측하게 한다. AI의 계획으로 사회가 운영되고 인간이 AI와 일체화되어 인간은 불로불사의 존재가 되는 유토피아를 상상할 수 있다. 이러한 이상향은 예로부터 끊임없이 다양한 형태로 모색되었다. 인간의 역사는 이상 사회 탐색의 역사라고도 말할 수 있다.

정치철학의 기원이라고 할 수 있는 플라톤의 대작《국

가》에 그려진 이상향을 살펴보자. 플라톤에 따르면 '철인'이 지도하는 국가야말로 이상적이다. '지혜를 사랑하는 학문'을 위해 인생을 소비한 철학자들은 국민 전체의 행복으로 이어지는 결단을 내릴 수 있는 이상적인 지도자다.

그렇지만 안타깝게도 역사가 증명하듯 '철인왕'은 등장하지 않았다. '계몽전제군주'는 실패 사례 중 하나일 것이다. 공산주의 사회도 이제는 철학적인 이상을 목표로 하는 위험을 경계하는 실례가 되었다. 토머스 모어는 그 유명한《유토피아》에서 어디에도 존재하지 않는 이상적인 사회를 그렸다. 프랑스에서는 샤를 푸리에Charles Fourier와 볼테르Voltaire의 유토피아가 유명하다. 하지만 그들의 이상향은 진화하는 힘을 잃은 세계다. 어떤 의미에서는 완성형이기 때문에 이 세계에서는 시간이 멈춰 있다. 과연 이러한 세계에 갇힌 사람들은 행복할까.

헤겔이 지적했듯, 상황이 바뀌는 중에 고정된 철학 사상을 무리하게 관철하려는 것은 더없이 어리석은 일이다. 그런데 해결하기 어려운 사회문제에 직면할 때마다 우리는 또다시 구세주나 이상적 이데올로기를 추구하려 하고 이를 반복한다. 베를린장벽이 무너진 뒤부터는 애덤 스미스와 그의 후계자들이 논한 자본주의야말로 이상이라고 믿어왔다. 하지만 최근 몇 년간 탈자본주의의 목소리가 나오기 시작했다. 그리고 몇 년 전에는 금기시되었던 '기본 소득제'나 '탈성장' 같은 발상이 전 세계 경제 신문에서 다뤄져 사람들에게 공유되고 있다.

이 책을 쓴 배경에는 '자본주의의 종말은 보이는가'라는 주제가 있다. 아침에 일어나서부터 잠자리에 들 때까지 우리는 자각하지 못한 채 자본주의 속에서 생활하고 있다.

자본주의에 불만을 품기만 하고 다른 경제 체제는 상상할 수 없는 것일까?

대체 자본주의란 무엇일까?

'자본주의'라고 한마디로 말하지만 철학자, 경제학자, 사상가들은 각자 다양한 정의를 내린다. 또 자본주의도, 공산주의도 시대와 함께 진화한다. 오늘날 애덤 스미스나 카를 마르크스가 책에 쓴 내용을 그대로 실현하고 싶은 사람은 없을 것이다.

이 책에서는 각 철학자의 사상에 대한 설명으로 일관하지 않고, 현 상황을 더욱 깊이 이해해 문제 해결의 실마리가 될 만한 수많은 시점을 소개했다. 그리고 일본에서는 그다지 주목받지 못하는 철학자, 피에르 클로소프스키나 가브리엘 마르셀 등의 시점도 다루었다. 직접적으로 자본주의 또는 경제에 대해 고찰하는 철학자가 있는가 하면 그러한 고찰은 하지 않는 철학자도 있다.

경제체제와 정치제도는 궁극적으로 사회를 유지할 뿐아니라 우리 생활을 지탱하기 위해 존재한다. 어떠한 사회에서든 그 토대는 '왜 사는가?', '행복이란 무엇인가?'에 있다. 그것은 우리 자신에게도 요구되는 물음이며 그를 위한 시점은 반드시 필요하다. 그리고 시점은 자신의 신체와 세계 관계 방식에 기점이 될 것이다. 따라서 이 책에는 두 가지 역할이 있다. 서양철학 입문서와 자본주의 문제를 다시 고찰하기 위한 교과서다.

이 책은 또 사회와 세계를 보는 시각을 제안한다. 개설적이고 포괄적인 기존 철학서와 달리, 여기서 소개한 시점을 통해 독자 자신이 지금까지 떠올리지 못했던 아이디어를 발견하고 그것을 이용해 일상에서 떠올리는 의문에 답하기 위한 프레임워크를 만드는 것이 저자들의 바람이다.

우리는 AI도 철인도 아니다. 맹렬한 속도로 끊임없이 진화하는 사회에서 살아가는 인간이다. 그런 우리는 항상 현실을 바라보는 수많은 시점을 공유하고 있다. 그리고 그 많은 시점을 비판적 사고력으로 활용해야 한다. 그래야 비로소 행복해질 것이고, 타자와의 커뮤니케이션이 이루어져 참된 의미의 공생이 가능해질 것이다. 유토피아를 지향할 필요는 없다. 그러나 미래에 대한 비전은 추구해야 한다. 건전하고 밝은 미래에 공헌할 수 있다면 저자들의 노고는 과분할 만큼 보답받을 것이다.

더불어 이 책에서는 시점마다 여러 개의 일본어 번역을 인용했다. 그 번역에 관련된 모든 선배들에게 다시 한번 경의를 표한다. 이들 번역문은 이 책 전체의 문체를 반영해야 했기에 원서를 참조하면서 저자의 재량으로 적당히 다시 다듬었다.

스티브 코르베유

참고 도서

- 본문의 이해를 돕기 위해 언급된 도서를 작가별로 정리했습니다.
- 국내 출간작은 한글 제목만, 미출간작은 원제를 함께 표기했습니다.

낭시 Jean-Luc Nancy(1940~2021) 《무위의 공동체》《신, 정의, 사랑, 아름다움》

니시다 기타로 西田幾多郎(1870~1945) 《사색과 체험思索と体験》

니체 Friedrich Nietzsche(1844~1900) 《유고(1885년 가을~1887년 가을)》

데리다 Jacques Derrida(1930~2004) 《강의록》《목소리와 현상》《프시케: 타자의 발명 Psyché: Inventions de L'autre》

데즈카 오사무 手塚治虫(1928~1989) 《불새》

데카르트 René Descartes(1596~1650) 《방법서설》《정념론》

들뢰즈 Gilles Deleuze(1925~1995) 《의미의 논리》《차이와 구별Différence et Différenciation》《차이와 반복》《천 개의 고원》《철학이란 무엇인가》

라로슈푸코 Francois de la Rochefoucauld(1613~1680) 《잠언집》

라메트리 Julien Offroy de La Mettrie(1709~1751) 《라메트리 철학 선집》 중 〈인간 기계론〉

라캉 Jacques Lacan(1901~1981) 《에크리》

라퐁텐 Jean de La Fontaine(1621~1695) 《라퐁텐 우화》

러셀 Bertrand Russell(1872~1970) 《러셀 서양철학사》

레비나스 Emmanuel Levinas(1906~1995) 《전체성과 무한》

레비스트로스 Claude Levi–Strauss(1908~2009) 《야생의 사고》

루소 Jean-Jacques Rousseau(1712~1778) 《고독한 산책자의 몽상》《사회계약론》 《인간 불평등 기원론》

르봉 Gustave Le Bon(1841~1931) 《군중심리》

리오타르 Jean-François Lyotard(1924~1998) 《쟁론》《포스트모던의 조건》《포스트
모던 우화집Moralités postmodernes》

리쾨르 Paul Ricoeur(1913~2005) 《시간과 이야기》《타자로서 자기 자신》

마르셀 Gabriel Marcel(1889~1973) 《거절에서 기원으로Du refus à l'invocation》《인
간적인 것을 거스르는 인간들Les Hommes Contre L'humain》《존재와 소
유Être et Avoir》《존재의 비밀Le Mystère de L'être》《형이상학 일기Journal
métaphysique》

마르크스 Karl Marx(1818~1883) 《공산당 선언》《자본론》《헤겔 법철학 비판》

메를로퐁티 Maurice Merleau-Ponty(1908~1961) 《눈과 마음》《세잔의 의심Le Doute
de Cézanne》《의미와 무의미》《지각의 현상학》

몽테뉴 Michel de Montaigne(1533~1592) 《수상록》

바르트 Roland Barthes(1915~1980) 《글쓰기의 영도》

바타유 Georges Bataille(1897~1962) 《내적 체험L'expérience intérieur》《니체에 관하
여Sur Nietzsche》《에로스의 눈물》《에로티즘의 역사》《유용성의 한계La
Limite de L'utile》《저주받은 몫》《죄인》《지고성La Souveraineté》

밴 보그트 Alfred Elton van Vogt(1912~2000) 《비非A의 세계The World of Null A》

베르그송 Henri Bergson(1859~1941) 《도덕과 종교의 두 원천》《물질과 기억》
《의식에 직접 주어진 것들에 관한 시론》《창조적 진화》《철학적 직관
L'intuition Philosophique》

벤야민 Walter Benjamin(1892~1940) 《기술복제시대의 예술 작품》

보드리야르 Jean Baudrillard(1929~2007) 《불가능한 교환》《상징적 교환과 죽음
L'échange Symbolique et la Mort》《소비의 사회》

보부아르 Simone de Beauvoir(1908~1986)《모든 사람은 혼자다》《제2의 성》

블랑쇼 Maurice Blanchot(1907~2003)《밝힐 수 없는 공동체 / 마주한 공동체》
《우애L'amitié》

사르트르 Jean Paul Sartre(1905~1980)《도덕을 위한 노트Cahiers pour une Morale》
《문학이란 무엇인가》《상황 2 Situation 2》중 잡지〈레탕모데른〉창간사,
《실존주의란 무엇인가》《자유의 길》《정념론》《존재와 무》

생텍쥐페리 Antoine de Saint-Exupery(1900~1944)《어린 왕자》

소쉬르 Ferdinand de Saussure(1857~1913)《일반언어학 강의》

스미스 Adam Smith(1723~1790)《국부론》

스피노자 Baruch Spinoza(1632~1677)《에티카》

아렌트 Hannah Arendt(1906~1975)《예루살렘의 아이히만》《인간의 조건》《전
체주의의 기원》

아베 고보 安部公房(1924~1993)《타인의 얼굴》

알랭 Alain, Emile Auguste Chartier(1868~1951)《인간론》《행복론》

에도가와 란포 江戸川乱歩(1894~1965)《지붕 아래의 산책자》

오웰 George Orwell(1903~1950)《1984》

장켈레비치 Vladimir Jankelevitch(1903~1985)《덕에 관하여Traité des Vertus》《도덕
의 역설Le Paradoxe de la Morale》

지젝 Slavoj Žižek(1949~)《삐딱하게 보기》《HOW TO READ 라캉》

카뮈 Albert Camus(1913~1960)《반항하는 인간》《페스트》

카유아 Roger Caillois(1913~1978)《놀이와 인간》

칸트 Immanuel Kant(1724~1804)《실천이성비판》

커즈와일 Raymond Kurzweil(1948~)《특이점이 온다》

클로소프스키 Pierre Klossowski(1905~2001) 《니체와 악순환》《불길한 욕망Un si Funeste Desir》《유사점La Ressemblance》

토머스 모어 Thomas More(1478~1535) 《유토피아》

파스칼 Blaise Pascal(1623~1662) 《팡세》

푸코 Michel Foucault(1929~1984) 《감시와 처벌》《말과 글Dits et Écrits》 중 '문화에 관한 문제들: 푸코와 프리티의 토의', 《말과 사물》

프롬 Erich Fromm(1900~1980) 《사랑의 기술》

플라톤 Platon(BC 424~BC 348) 《국가》《소크라테스의 변명》《파이드로스》

하우스먼 Alfred Edward Housman(1859~1936) 《마지막 시Last Poems》

하위징아 Johan Huizinga(1872~1945) 《호모루덴스》

하이데거 Martin Heidegger(1889~1976) 《존재와 시간》

헤겔 Georg Wilhelm Friedrich Hegel(1770~1831) 《역사철학강의》《정신현상학》

옮긴이

김윤경

일본어 번역가. 한국외국어대학교를 졸업하고 오랜 직장 생활을 거쳐 번역자로 활동하고 있다. 다른 언어로 표현한 저자의 메시지를 우리말로 옮기는 일의 무게와 희열 속에서 오늘도 글을 만지고 있다. 옮긴 책으로는《철학은 어떻게 삶의 무기가 되는가》《불안의 철학》《니체와 함께 산책을》《5000일 후의 세계》《왜 일하는가》《오늘 밤, 세계에서 이 눈물이 사라진다 해도》《어느 날, 내 죽음에 네가 들어왔다》등 70여 권이 있으며 출판 번역 에이전시 글로하나를 운영하고 있다.

남의 생각이 내 생각이 되지 않으려면

초판 1쇄 인쇄 2022년 09월 07일 **초판 1쇄 발행** 2022년 09월 21일

지은이 오타케 게이, 스티브 코르베유
옮긴이 김윤경
펴낸이 이승현

편집2 본부장 박태근
지적인 독자 팀장 송두나
편집 박은경 **교정교열** 이정현
디자인 함지현

펴낸곳 ㈜위즈덤하우스 **출판등록** 2000년 5월 23일 제13-1071호
주소 서울특별시 마포구 양화로 19 합정오피스빌딩 17층
전화 02) 2179-5600 **홈페이지** www.wisdomhouse.co.kr

ISBN 979-11-6812-421-9 03100